뉴 노멀 시대,
40대와 언더독의 생존 전략

당당한 결별

김용섭 지음

웨더박스

두 번째 결별,
무엇이 다르고 무엇이 같은가?

한국인들이 결별이라는 화두를 처음 강렬하게 접한 시기는 IMF 구제금융을 받던 1997년 외환위기 당시였다. 구제금융 신청을 조선 시대에 나라의 주권을 상실한 경술국치에 비유할 정도로 대한민국 수립 이후 처음 겪는 사태였다. 전쟁을 치른 폐허를 딛고 단기간에 비약적인 경제성장을 이룬 '한강의 기적'의 자부심이 일순간에 무너졌다. 수많은 직장인이 정리해고를 당했고 그 여파로 많은 가족이 해체되었다. 특히 사오십대가 직격탄을 맞았다. 기업들이 망해나가고, 부동산과 주식도 급락했다. 알짜 기업들이 해외 자본에 넘어갔다. 한국인의 불안은 극도에 달했다. 미래는 암흑과 같았다.

하지만 우리는 그 시기를 극복했다. 위기를 극복하는 과정에서 주요하게 떠오른 열쇠말 가운데 하나가 '결별'이었다. 1998년 구본형이 쓴『익숙한 것과의 결별』은 출간 즉시 사회적인 반향을 불러일으켰다. 대규모 구조조정과 정리해고의 광풍 속에서 직장인들은 변화에 목말랐고, 그들에게 절실한 화두가 바로 '익숙한 것과의 결별'이었던 것이다. 무명에 가까운 저자였고 그 역시 직장인이었던 구본형의 책은 단숨에 수많은 직장인을 사로잡았다. 그의 책은 교보문고가 선정한 '전문가100인이 선정한 1990년대의 책 100선'에 선정되기도 했다. 100권 중 경제경영 분야 책은 8권, 그 가운데 국내 저자는 구본형이 유일했다. 국내외 유수 저자들이 쏟아낸 책 사이에서 무명이나 다름없는 저자의 책이 단숨에 명저 반열에 올랐던 것이다.

1988년 올림픽을 전후해서 1990년대 중반까지의 고도 성장기를 누려온 한국 직장인들에게 급작스레 맞닥뜨린 결별은 정말 가혹했을 것이다. 하지만 생존을 위해서는 관성을 버리고 변화를 과감히 받아들여야 했다. 과거와 결별하지 않으면 미래도 없었다. 익숙한 것과 결별하고 새롭게 도전한 이들은 기회를 잡았다. 경제는 다시 살아났다.

그러나 위기는 다시 찾아왔다. 이번에는 더 크고 복합적이고 장기적이며 상시적인 위기이다. 동남아에 집중되었던 1997년 외환위기와 달리 2008년 글로벌 금융위기는 지구촌 전체를 강타했다. 글로벌 경제가 요동치고 위축되면서 이전의 상식과 기준이 대거 파괴되고 새로운 스탠더드가 빠르게 관철되기 시작했다. 세계 경제위기와 한국 경제위기가 이중으로 맞물리면서 금융위기의 진원지가 아닌 한국도 복합 위기에 빠져들었다. 특히 2010년대 들어서 저성장과 미래에 대한 전략 부재가 가시화된 한국 경제는 위기가 갈수록 심화되고 있으며 소리 소문 없이 여러 산업 분야에서 구조조정이 추진되기 시작했다. 이미 우리는 두 번째 결별의 시기에 들어섰다. 향후 수년간 이 흐름은 더욱 거세어질 전망이다. 전 세계가 과거 산업이 무너지고 새로운 산업이 성장하는 산업 재편기에 진입했다. 이른바 판이 바뀌는 뉴 노멀 시대이다.

지금의 위기는 잠시 참고 버티면 넘어설 수 있었던 과거의 위기와는 질적으로 다르다. 우선 위기가 연속적이고 상시적이라는 점이 다르다. 외환위기 당시에는 글로벌스탠더드와 동떨어져 우물 안 개구리로 존재하던 한국 경제의 현주소를 인식하고 과거의 관습과 일제히 결별하면 문제를 해결할 단초가 보였다. 그렇게 겨우 한숨 돌렸다고 생각했지만, 이제는 글로벌스탠더드 자체가 뒤흔들리고 있으며 시장과 산업, 구조와 관행 모두가 그것도 아주 빠른 속도로 변화하고 있다. 또한 위기의 주체가 다르다. 과거의 위기에는 주로 사오십대가 변화의 물결에 휩쓸렸다면, 지금은 파급력이 전체 연령대로 번지고 있다. 물론 이번에도 4050대가 직격탄을 맞는다. 그러나 지금은 구조조정과 인력 재편에서 30대도 예외가 아니다. 뿐만 아니라 그 여파로 20대는 아예 경제활동에 진입할 기회 자체를 원천봉쇄 당하고 있다. 은퇴 후 편안한 노후를 기대해야 할 노년층은 인구구조의 변화, 평균수명의 연장이라는 사회적, 생물학적 변화까지 맞물려

노후 빈곤 나아가 노후 파산까지 걱정해야 할 상황에 내몰렸다.

첫 번째 위기에서 익숙한 것과의 결별을 배웠다면, 이제 다시 맞은 상시적인 위기 상황에서의 화두는 '당당한 결별'이라는 것이 이 책의 주장이다. 왜 당당함인가? 익숙한 것을 버리는 것만으로는 이번 위기를 넘어설 수 없다. 처음 익숙한 것과 결별할 때에는 주위 환경이 바뀌었으므로 이를 받아들이고 새로운 환경에 적응한다는 측면이 강했다. 다소는 수동적이었고 주도한다기보다는 적응하는 것이 지상과제였다. 그런데 글로벌스탠더드가 한 번 바뀌고 마는 게 아니라 늘 쉴 틈 없이 변화 중이고 앞으로도 이 변화가 지속적이라면, 소극적인 적응만으로는 문제에 근원적으로 대처할 수가 없다. 최선의 방어는 공격이고 미래를 예측하는 가장 좋은 방법은 스스로 미래를 창조하는 것이다. 지금 우리는 수동적인 자세가 아니라 능동적 관점으로, 적응하기보다는 창조와 혁신을 주도함으로써만 오늘의 시대를 헤쳐갈 수 있다. 판이 바뀌는 상황을 쫓아가기만 하는 것으로는 충분치 않다. 스스로 능동적으로 판을 짤 준비를 해야 한다. 이것이 당당함이다. 현 시기의 생존 전략이 바로 당당함을 갖는 것이다. 당당한 결별, 당당한 도전, 당당한 소신, 이것이 지금 우리에게 필요하다.

직장과 일자리의 문제로만 좁혀도 당당한 결별은 너무나 명백한 요구가 되었다. 외환위기 당시에는 평생직장의 신화가 깨졌지만, 이제는 누구도 평생직장이라는 개념 자체를 입에 올리지 않는다. 수시로 찾아오는 구조조정은 물론이고 인적 자본 전체가 재편되는 상황이다. 인생 이모작 정도는 보편이고 이제는 누구나 인생에서 주요한 직업을 세 번 정도는 바꿀 각오를 해야 한다. 밀려나느냐 밀려나지 않느냐의 대립과 갈등 차원이 아니라는 것이다. 회사도 사회도 국가도 나의 미래에 대해 해답과 길을 주지 못하는 상황이다. 개인은 결별을 당연한 것으로 받아들이는 정도에서 나아가 오히려 자신이 먼저 결별을 선언할 주체가 되어야만 한다. 당당함이란, 태도나 자세만을 말하는 것이 아니다. 유목민들이 철따라 새로운 초원을 향해 가축떼를 몰고 이동하는 것이 자연스럽듯이 이 시대를 살아가는 직장인, 경제인, 생활인 모두가 가져야 할 생존 본능과 전략 방식을 함축하는 말이다.

이러한 제안과 가장 긴밀하게 닿아 있는 주체가 언더 독이다. 흙수저라 해도 좋고 N포세대라 해도 상관없다. 현재의 경제구조에서 가장 타격이 큰 이삼십대를 언더 독이라 할 수 있지만, 주류에서 밀려나고 자원과 인맥, 경험과 교육 등에서 열세에 있는 모든 연령대의 모든 사람들을 지칭하기도 한다. 위기와 기회가 동전의 양면이라 할 때, 매일같이 모든 산업과 시장에서 파괴적 혁신이 벌어지는 뉴노멀 시대는 당당함으로 무장하고 겁 없이 덤벼드는 언더 독들이 한 번 붙어볼 만한 시기이기도 하다. 이전 같으면 루저로만 취급될 언더 독이 변화의 패러다임을 읽어내면, 이제는 언제든지 탑 독이 되는 것도 가능하다. 이삼십대는 꼰대들의 조언이나 사탕발림 위로에 귀 기울일 이유가 전혀 없다. 조언하는 쪽이나 듣는 쪽이나 어차피 세상 변화에 숨 가쁘기는 마찬가지다. 누가 누구를 위로하고 충고

해? 이렇게 받아치는 당당한 마음가짐으로 언더 독만의 승리 공식을 찾아낼 단서들을 제시해보았다.

이 책은 구본형 선생에 대한 오마주이기도 하다. 지금은 고인이 된 구본형 선생은 1954년생이다. 익숙한 것과의 결별이란 화두를 한국 사회에 던진 1998년은 그의 나이 44세 때였다. 우연의 일치이겠지만, 당당한 결별을 제기하는 2016년의 내 나이도 당시의 구본형 선생과 같다. 1998년과 2016년, 18년의 차이다. 당시 20대가 지금 40대다. 당시 위기의 중심이던 40대는 60대가 되었다. 18년의 시간은 그냥 흘러간 게 아니다. 위기를 극복하고 살아남았다. 이번 위기도 극복해야 하고, 또 어떻게든 살아남아야 한다. 그것이 지금 시대를 살아가는 사람들의 숙제이다.

내가 이 책을 쓴 것은 또한 40대 중반에 들어선 친구들 때문이기도 하다. 20대의 눈에는 기성세대이자 기득권자로 보일 연령대이다. 또래 친구들은 전문직에서부터 자영업자, 대기업에 다니는 과장·차장, 중견기업 차장·부장, 보험회사 지점장, 7급 공무원에서 자기 사업을 하는 CEO까지 다양하다. 다들 인생에서 어느 정도 베테랑이라 해도 될 노련함을 쌓은 나이가 되었지만 이들 40대 또래를 만나면 늘 미래에 대한 걱정이 태산이다. 직장인들은 언제 사표를 쓸지 아니면 어떻게 해야 오래 버틸지를 고민하고, 사업하는 이들은 직원들을 어떻게 정리할지, 새로운 사업은 뭐가 좋을지, 회사가 망하면 대체 어떻게 할 것인지 고민한다. 물론 서로 답은 없다. 그냥 불안감과 위기감, 답답함만 가득한 채로 술을 마신다.

나는 기업 강의나 컨설팅에서는 변화와 혁신에 대한 날카롭고 진지한 조언을 자주 한다. 그게 내 일이자 사회적 역할이기도 하다. 그런데 막상 친구들, 함께 이 시대를 살아온 동년배들에게는 그러지 못했다. 말로는 언제든 고민 있으면 찾아오라고, 같이 문제를 풀어보자고 해놓고는 늘 바쁜 척만 했다. 문득 이 모든 것이 미안했다. 그래서 친구에게 하는 조언삼아 이 책을 썼다. 당연히 친구랍시고 위안만 하려는 것은 아니다. 지금의 40대는 중년이나 불혹이라는 말로 가둬놓을 연령대가 아니다. 역사상 가장 젊은 40대, 영 포티는 한국 사회의 허리이자 경제의 중추이며 변화와 혁신의 주체이다. 한국의 미래를 좌우하는 것도 지금의 40대이다. 결국 40대가 당당해져야, 한국 사회가 처한 여러 위기를 극복해낼 힘을 기를 수 있다. 이 책을 한국 사회의 언더 독과 젊은 40대들에게 바친다.

2016년 9월

김 용 섭

차례

프롤로그 · 두 번째 결별, 무엇이 다르고 무엇이 같은가? 5

PART 1 다시 맞은 결별의 시대

01 왜 결별의 시대인가   19

마지막 순간, 나폴레옹이 들은 환청 | 대기업이 운영한 싸이월드와 풋내기 대학생이 만든 페이스북 | 뉴 노멀의 반대말은 올드 노멀이 아니라 '애브노멀' | 세계 3대 구조조정 컨설팅사가 한국에 눈독 | 진짜 구조조정은 아직 시작되지도 않았다 | 더 이상 경쟁자가 아니다, 이제 우리는 도전자다 | 사람 수명은 늘고 기업수명은 짧아진다 | 병든 대마는 살리기 더 어렵다 | 네 탓이오, 모두가 네 탓으로소이다 | 조용한 지각 변동, 의대보다 공대 | 절박함 더하기 관성은 필패

02 위기는 상시적이 되었다   57

사오정의 시간은 거꾸로 간다 | 명예 없는 명예퇴직, 정상 없는 임금피크 | 하나의 세계를 파괴하지 않으면 안 된다 | 거의 모든 것과 결별해야 하는 시대

PART 2 뉴 노멀 시대 생존 전략

03 파괴적 혁신이 만드는 세상   75

파괴와 혁신의 일반화 | 스타벅스는 무엇을 파는가 | 골드만삭스가 실리콘밸리에서 주주총회를 여는 이유 | 이것은 누가 만드는 약병입니까 | 버버리 CEO가 애플로 간 까닭은? | 마켓셰어에서 라이프셰어로 | 나를 백화점이라 부르지 말아다오 | 한국 기업과 대학에 닥친 갈라파고스 위기 | 소유의 종말이 만드는 새로운 라이프스타일 | 내연기관이 사라지고, 자동차업계 판도가 바뀐다 | 차세대 자동차 시장 주인공은 IT 기업 | 그래픽 제조업체가 자동차 시장 강자로 떠오르다 | 애플, 구글, MS가 음성 비서에 빠지다 | 4차 산업혁명, 제조업의 위기 또는 기회

04 우리는 어떻게 살아남을 것인가   121

상식을 깨는 사람들 | 삼성전자의 반성, 결별을 예고하다 | 왜 '스타트업 삼성'을 선언했나 | 살아남은 기업들의 비밀 | 순혈주의는 뜨거운 피를 냉각한다 | 존댓말 쓰면서 상하관계 없앨 수 있나 | 굳이 친목을 도모하지 않습니다 | 결혼 관계도 재정립하자는 움직임 | 이들은 사악하고 괴씸한 직장인인가 | '9 to 6'를 버려라

PART 3 언더 독의 기회

05 격변은 기회다   161

없는 자가 불리하지 않은 시대 | 신인이 베테랑을 때려눕히다 | 세상에 맞출 것
인가, 나에게 맞출 것인가 | 재봉건화하는 한국 사회 | 싸우고 덤비고 도전하라
과연 누가 골리앗인가 | 직원 1인당 가치가 7700만 달러인 회사

06 그들 모두 언더 독이었다   179

레이쥔 "안 되는 게 어딨어?" | 트래비스 칼라닉 "겸손 따위 개나 줘버려" | 앨런
멀러리 "서슴없이 적색등을 켜라"

07 언더 독의 도전 방식   193

취향과 취미는 최고의 콘텐츠 | 성공한 스타트업 창업자들은 미쳤다 | 새로운 미
디어 시대를 여는 앙팡 테리블 | 1인 기업과 프리랜서는 다르다

PART 4 영 포티의 숙명

08 변화의 시대를 살아온 특별한 세대   211

젊은 언더 독의 파트너 | 역사상 가장 젊은 40대, 강남 좌파의 주축 | 영 포티의
6가지 특징

09 누가 당당한 결별을 주도하는가   223

영 포티는 한국 사회 진화를 위한 킹 핀이다 | 누가 40대의 변신을 두려워하는가
| 머리는 앞서가도 몸이 따라주지 않은 386세대 | 공자의 '불혹' 이제는 버릴 때
다 | 왜 영 포티가 나서야 하는가 | 40대와 2030이 결합한 스타트업 모델 | 대한
민국을 발전시킬 환상의 조합

PART 5 버티는 힘, 결별하는 용기

10 버티는 힘   249

꿈꾸기와 버티기 | 몇 년 치 생활비가 마련되어 있는가 | 메이저리거의 당당한
버티기 | 퇴사학교와 인생학교

11 결별하는 용기   263

버려야 얻는다 | 왜곡된 자존심을 버리는 용기 | 우리 모두에겐 자신만의 바둑이
있다 | 당신의 세 번째 직업은 무엇인가 | 함께 살아갈 방법은 없을까? | 생활 자
체가 공동체 비즈니스가 된다면 | 폭탄 돌리기가 탄생시킨 헬조선 | 미래를 위한
결별

에필로그·세상은 당신을 기다려주지 않는다 285
참고문헌 288

Part 1

다시 맞은
결별의 시대

"사람들은 변화를 바라면서도 두려워한다.
변화하지 않아도 될 이유를 찾으면 위안을 받는다.
변화에는 여러 가지 저항의 패턴이 있다.
변화를 기회로 만들어가는 사람들은 언제나
성공한다. 그들이라고 두렵지 않겠는가?"

—구본형, 『익숙한 것과의 결별』 중에서

01

왜 결별의
시대인가

마지막 순간,
나폴레옹이 들은 환청

한국 경제의 잔치는 오래 전에 끝났다. 고성장 시대는 다시 오지 않는다. 대기업과 중견기업 중에서 무너지는 기업들이 속출한다. 구조조정으로 내몰리는 대기업 출신 사오십대를 받아줄 만한 여력이 중견, 중소기업들에게는 없다. 중년 구직자는 넘치는데 이들을 원하는 기업은 드물다.

직장과의 결별은 곧 가족 해체로 이어지기도 한다. 노후 대책은커녕 당장 먹고살 대책도 없는 이들도 부지기수다. 자영업 위기도 심각하다. 직장인은 정리해고되고, 자영업자는 폐업되는 시대다. 개인에게만 위기가 아니다. 기업도 위기이고, 정부도 위기다. 바꾸지 않으면 안 된다. 과거와 결별하는 건 살아남기 위해서다. 세상이 바뀌었기 때문이다.

좋았던 옛날을 고집하는 사람들이 있다. 어느 술자리에나 술이 몇 순배 돌고 나면 "내가 왕년에…"라는 레퍼토리를 꺼내드는 이들이 있다. 과거에 비해 현재가 초라한 사람들이다. 전성기였던 과거에 대한 동경과 미련을 술기운을 빌려 표출하는 것이다. 반면 현재가 만족스러운 이들은 화법이 다르다. 그들은 "내가 요즘에…"로 이야기를 시작한다.

과거는 대개 달콤하다. 누구나 좋았던 한때가 있다. 반면 현재의 삶은 늘 어렵고 치열하며 때때로 비루하다. 게다가 우리의 기억은 종종 왜곡과 미화를 일삼는다. 기억은 과거를 100퍼센트 그대로 재현하는 시디롬이 아니다. 아름다웠던 순간은 부풀리고 그 이면의 숱한 고생과 상처는 축소하는 것이 인간의 기억이다. 때문에 추억은 늘 아름답기 마련이지만 과거의 달콤함에 빠져 있는 한, 지금 여기 발 딛고 서 있는 현실의 개선은 그만큼 요원해진다.

과거의 영광에 사로잡혀 현실을 그르친 전형적 사례로 역사는 나폴레옹 보나파르트의 백일천하를 보여준다.

대프랑스 동맹군과의 라이프치히 전투에서 패배해 엘바 섬으로 쫓겨났던 전 프랑스 황제 나폴레옹은 1815년 2월 26일 배에 몸을 싣고 섬을 탈출한다. 나폴레옹이 프랑스 본토에 상륙하자 그를 체포하기 위한 프랑스군이 앞을 가로막는다. 나폴레옹은 한 치도 주눅 들지 않고 예전 부하들이었던 진압군을 상대로 '다시 군기를 잡으라'는 유명한 연설을 한다.

"우리들의 주인됨을 부인하는 자 그 누구냐? 그런 자격이 있는 자 그 누구냐? 우름, 아우스테리츠, 예나, 아이라우, 후리트란트, 도델라, 에코미엘, 에크스링크, 스모렌스크, 모스크바, 레첸, 베르첸, 몽밀다유… 영광스런 회전 때마다 제군들이 높이 휘둘렀던 이 군기를 다시 잡아라! 병사들이여! 제군들의 사령관 깃발 밑에 다시 와 모이라!"

유럽 대륙과 이집트, 러시아를 함께 누비며 프랑스 제국의 영광을 누렸던 병사들의 마음을 움직이는 명연설이었다. 병사들은 총살 명령을 받았지만 총을 쏘기는커녕 "사령관 만세!"를 외치며 나폴레옹의 휘하로 몰려들었다. 진압군을 돌려세운 나폴레옹은 파죽지세로 진군하여 3월 20일 수도 파리에 무혈 입성한다. 전 유럽이 숨을 죽였고 다시금 나폴레옹의 시대가 열리는 듯했다.

그러나 나폴레옹의 행운은 딱 거기까지였다. 그해 6월 18일 나폴레옹은 영국을 주축으로 한 대프랑스 동맹군과의 워털루 전투에서 참패하고 엘바 섬보다 더 멀리 떨어진 남대서양 한복판의 외딴 섬 세인트헬레나에 유배된다. 과거의 영광을 재현하려던 그의 꿈은 짧은 백일몽으로 막을 내렸다. 한때 유럽 전역을 제패하고 스스로 프랑스 황제 자리에 올랐던 나폴레옹은 한낱 말단 간수의 경멸과 학대 속에 수인의 삶을 살다가 유배지에서 쓸쓸하게 눈을 감았다.

'깃발을 다시 잡으라'는 그의 연설은 진압군을 돌려세울 만큼 감동적이었고 그의 근위대는 마지막 워털루 전투에서 이미 패배가 확정

된 상황에서도 웰링턴이 이끄는 영국군에 투항을 거부하고 궤멸당할 정도로 나폴레옹에게 충성을 다했지만, 예전과 똑같은 깃발을 다시 잡는다고 해서 과거의 영광이 재현되는 것은 아니었다. 상황은 이미 변했다. 포병부대를 절묘하게 운용하며 지상전에서 연전연승하던 나폴레옹의 전술을 웰링턴과 대프랑스 동맹군은 이미 속속들이 파악하고 있었다.

나폴레옹의 백일천하와 워털루 전투의 전개 과정을 일목요연하게 담은 세르게이 본다르처크 감독의 고전 영화 〈워터루〉는 패배 후 몰살당한 병사들에 대한 연민과 자책감으로 눈물을 흘리는 나폴레옹의 모습을 비춘다. 화려했던 과거로 되돌아가기 위해, 너무도 익숙한 과거의 방식으로 전투에 나섰다가 마지막 역전의 기회를 날린 나폴레옹. 이 장면에서 나폴레옹은 다음과 같은 환청을 듣는다.

"너의 기억이 너를 갉아먹으리라."

200년 전 유장한 역사의 한 장면이지만, 나폴레옹이 뼈저리게 후회했던 메시지만큼은 오늘의 우리에게도 절절하게 다가온다. 이 메시지는 너무나도 현재적이다.

변화는 익숙한 것과의 결별을 전제로 한다. 이는 그 자체로 두려움이다. 그러나 그 두려움을 넘어서지 못하면 결코 새로운 기회는 없다. 변화와 혁신은 매력적이고 좋은 말이지만, 이걸 받아들여야 할 당사자 입장에서는 가혹한 말이기도 하다. 자신이 애써 이룩한

"너의 **기억**이
너를 **갉아먹으리라.**"

익숙한 방식으로 과거의 영광을
되살리려 했던 나폴레옹.
그의 전술을 파악한 웰링턴에 의해
워털루 전투에서 패배하고 백일천하는 막을 내린다.

것, 오랜 시간에 걸쳐 성취해온 것을 내려놓는다는 뜻이기 때문이다. 변화와 혁신이 가장 어려운 것은 패배자들이 아니라 과거에 큰 성공을 거둔 이들이다. 이미 이뤄놓은 게 있고, 지킬 것이 있는 사람들이다. 과거의 경험과 성공 방식에 도취된 이들은 새로운 변화에 저항하기 마련이다. 하지만 과거와 결별하지 않으면 미래는 없다.

대기업이 운영한 싸이월드와 풋내기 대학생이 만든 페이스북

산업이 바뀌는데도 과거만 붙잡고 있는 기업이 살아날 방법은 없다. 우리나라 PC통신 양대 산맥이던 천리안과 하이텔은 각기 데이콤과 KT의 서비스였다. 1990년대 중후반 PC통신 전성기를 누리던 이들 회사는 당시 가장 잘나가는 IT 기업이었다. 그러나 인터넷 시대가 본격화하는 시점에 다음과 네이버 같은 강력한 포털이 나오는 것을 그들은 구경만 했다. PC통신 사업의 익숙함과 안정성에 대한 미련 때문에 새로운 시장에 과감하게 투자하지 못하고 망설이다 시기를 놓쳤다. 그렇게 1990년대 최고 IT 기업이던 데이콤은 사라졌다. 당시 삼성의 유니텔, LG의 채널아이를 비롯해 대기업도 포털 시장에 뛰어들었지만 새로운 시장에서 제대로 힘을 쓰지 못했다. 결국 모두 알다시피 당시 스타트업이던 네이버와 다음이 최종 승자가 되었다.

2000년대 싸이월드는 한국에서 가장 강력한 소셜네트워크였다.

전성기 싸이월드의 미니홈피 회원수는 2600만 명에 달했다. 만약 싸이월드가 그 기세를 살려 글로벌 서비스로 도약했다면 지금의 페이스북과 비교될 수도 있지 않았을까? 물론 지나간 일이니 헛된 상상에 불과하다. 사실 SK커뮤니케이션즈는 소셜네트워크 서비스인 싸이월드, 메신저 서비스인 네이트온, 포털 서비스인 네이트 등 막강한 3개 서비스를 가졌지만, 결국 쇠락했다. 자신들의 최고 무기 세 개를 잠시 잠깐 크게 휘두르고는 계속 꺾였다. 만약 싸이월드가 순조롭게 성장하여 지금 전성기를 맞고 있다면 싸이월드의 기업가치는 현재 SK그룹 전체를 합한 것보다 높을 것이다.

2015년 12월 1일 기준 페이스북의 시가총액이 3030억 달러, 우리 돈으로 약 350조 원 정도인데 이는 SK 전 계열사의 시가총액을 합한 것보다 클 뿐만 아니라 비슷한 시기의 삼성전자 시가총액의 두 배에 해당하는 금액이다. 싸이월드와 페이스북 초창기 조건을 비교해보면, 전자는 국내 유력 재벌 그룹이 실시한 서비스인 데 반해 후자는 초기 가입자가 개발자인 마크 주커버그를 포함해 25명에 불과한 대학생 동아리 수준의 사교 네트워크였다. SK는 무궁무진한 소셜네트워크 서비스 시장에 먼저 발을 들여놓고도 이를 키워내지 못했다.

무엇이 문제였을까? 자본력? 기술력? 연구진? 이 모든 면에서 SK는 풋내기 대학생과 비교가 안 될 정도로 앞서 있었다. 결론적으로 SK커뮤니케이션즈 경영진의 시야의 한계와 SK그룹 조직 문화를 들 수밖에 없다. 매력적인 기회를 알아볼 눈이 없었고 미지의 시장에 도전하기보다는 우선 돈이 되는 편하고 익숙한 사업에 집중하느라

SK커뮤니케이션즈가 **싸이월드를**
글로벌 서비스로 성장시켰다면?

싸이월드는 전성기 미니홈피 회원수가 2600만 명이었다.
초기 가입자 25명에 불과했던 페이스북의 시가총액은
2015년 12월 1일 기준 3030억 달러.
이는 SK그룹 전체의 시가총액보다 큰 금액이다.

블루오션을 그대로 떠나보낸 것이다.

한국 기업들에게 과거로부터, 수직적 조직 문화로부터 결별하기가 얼마나 중요한지 시사해주는 일이다.

뉴 노멀의 반대말은 올드 노멀이 아니라 '애브노멀'

지금은 뉴 노멀New Normal 시대다. 말 그대로 새로운 정상, 즉 지금 현재 통용되는 새로운 표준을 의미한다. 뉴 노멀의 반대말은 올드 노멀old normal, 즉 오래된 정상이 아니라 비정상abnormal이다. 과거의 노하우, 과거에 통했던 모든 정상과 표준, 기준이 새로운 시대에는 단순히 낡은 정도가 아니라 비정상으로 취급된다. 뉴 노멀 시대에 과거를 부여잡고 미련을 떨치지 못하는 사람은 그러므로 약간 낡은 세대가 아니라, '비정상'이자 도태 0순위로 전락한다. 사람뿐 아니라 기업도 마찬가지다.

뉴 노멀은 경제학에서 주로 사용되던 말인데, 2007~2008년 글로벌 금융위기 이후 새로이 형성된 세계 경제 질서를 언급하는 용어로 자주 쓰이면서 일반화되었다. 금융위기 이후 세계경제는 더 이상의 성장과 고용을 멈추고, 저성장, 저금리, 저물가, 고실업률, 정부부채 증가, 규제 강화 등 과거에 없던 새로운 경제 질서가 완연해졌다.

이제 뉴 노멀은 경제 분야에서만 쓰는 말이 아니다. 경제와 산업은 물론이고 정치, 사회, 문화 모든 영역에서 쓰인다. 새로운 변화로 역사가 전환되는 과도기엔 늘 뉴 노멀이 중요한 화두가 되었다. 각 분야별로 새로운 질서가 만들어진다는 것은 세상의 판이 바뀐다는 의미다. 어제의 강자가 하루아침에 쇠락하고, 최근까지 주목도 못 받던 존재가 어느새 강력한 힘을 가지기도 한다. 글로벌 기업들의 흥망성쇠가 더 심화하는 시기가 뉴 노멀 시대다. 전방위 위기에 직면해 기업 경영자들은 노심초사하고, 구조조정에 내몰린 수많은 직장인은 절박함에 사로잡힌다.

정치권이나 경제계에서 저마다 혁신을 주창하고 있다. 그런데 혁신을 거론하는 이들이 대개 혁신의 주체이기보다 대상이다. 그들을 몰아내고, 그들이 힘을 잃는 것이 오히려 진짜 혁신에 필요한 선결 과제인 경우도 많다. 한국의 거의 모든 주요 대기업 오너들이 매년 신년사를 발표할 때마다 혁신 타령을 했지만, 막상 기업의 혁신이 더디기만 한 이유는 무엇일까? 수직적 조직 문화를 가진 한국 기업들로선 혁신이 어렵다. 직급이 높고, 나이가 많을수록 과거에 대한 경험과 과거에 쌓은 전문성이 더 많다. 그것을 내려놓기란 쉽지 않다. 계급장 떼고 일 자체로만 치열하게 싸우는 수평 조직 문화를 갖기 어려운 까닭이다.

요즘 기업들은 생존을 위해서 조직 문화의 수평화를 적극 시도한다. 삼성전자가 스타트업 삼성을 선언하며 수평 조직 문화를 내세운 것도 같은 맥락이다. 이런 변화를 가장 부담스러워하는 연령대가 40대 중반부터 50대까지의 직장인들이다. 그들은 기업의 미래가 아니

Part 1 다시 맞은 결별의 시대

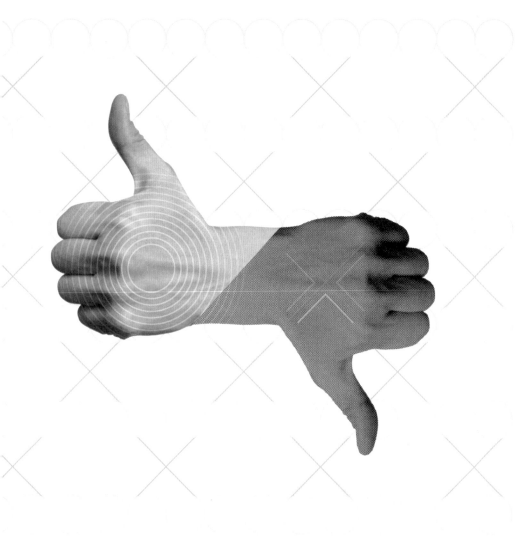

뉴 노멀의 반대말은 올드 노멀이 아닌
애브노멀, 즉  이다

과거의 노하우, 과거에 통했던
모든 정상과 표준, 기준 들이 새로운 시대에는
단순히 낡은 정도가 아니라 비정상으로 취급된다.

라 과거다. 하지만 여전히 직위와 직급이 있어서 조직에서 발언권은 크다. 그래서 더 문제다. 세상이 다 바뀌는데 자기의 과거 경험과 기억만 고수하는 건 참 어리석은 일이다.

익숙함과 생소함이 서로 대립할 때 우리가 흔히 어느 쪽 손을 들어주는지 생각해보자. 사람들은 본능적으로 생소한 것보다는 익숙한 것에 끌린다. 익숙한 일을 할 때엔 관성만 유지하면 된다. 반면 새로운 환경에 적응하거나 생소한 일을 시도하려면 연구와 노력이 필요하다. 이것은 관성이 아니라 능력과 진화의 문제이다. 게다가 혁신은 본질적으로 정해진 한계가 없다. 한번 해병은 영원한 해병이라는 구호가 있지만 한번 혁신은 그냥 한 번에 불과하다. 계속 새로운 혁신을 하지 않으면 금세 도태되는 것이 비즈니스 현장이다.

과거 하나의 사업으로 수십 년씩 성장하던 사례가 종종 존재했지만 이제는 세계 1등 자리를 10년 지키는 기업이 드물다. 요즘은 점점 짧아져 5년마다 바뀐다고 해도 과언이 아니다. 이런 시대에 익숙함이란 편안함, 안전함이 아니라, 위험함, 위기, 도태라는 말의 계열에 맥이 닿아 있다. 우리에게 필요한 건 생소함에 대한 도전, 그것도 한 번이 아니라 연속적이고 일상적인 도전이어야 한다. 생소한 것에 어렵사리 적응해서 익숙해졌다면, 안주할 겨를도 없이 다시 그 익숙함과 결별하고 새로운 생소함에 다가서야 한다. 결별은 뉴 노멀 시대의 기본적인 생존 방식이다.

세계 3대 구조조정 컨설팅사가
한국에 눈독

1997~99년은 극심한 구조조정 기간이었다. 떠밀려난 이들의 고통은 말 못할 정도로 심각했다. 그 시기를 버티고 살아남았어도 한국 사회에 남은 상처는 깊었다. 외환위기를 극복하고 다시 살아났나 싶은 순간 위기는 또다시 찾아왔다. 2008년 글로벌 금융위기를 필두로 세계적인 경제위기가 유럽과 미국, 아시아를 휩쓸었다. 그 여파가 한국 경제에도 심각한 위기를 초래하고 있다. 이로부터 2015년 서서히 시동을 건 구조조정은 2016년에 본격화했고, 2017년까지 이어진다. 아니 어쩌면 상시적인 구조조정 상태라고 표현하는 것이 더 적합할 수도 있다.

글로벌 구조조정 컨설팅 회사 알릭스파트너스의 '기업 부실화 위험지수' 분석 결과에 따르면, 2016년에 워크아웃이나 법정관리 위험이 있는 국내 상장사가 417개였다. 이는 분석 대상 기업 1,544개(현재 도산 기업 등 제외) 중 27퍼센트나 된다. 특히 당장 구조조정하지 않으면 2016년 3분기 내 도산이 거의 확실시된다는 고위험군 기업만 170개사에 이른다. 고위험군 기업 비율은 미국(7%), 유럽(4%), 일본(2%)에 비해 압도적으로 높았다.

여기서 거론되는 회사들은 동네 구멍가게 같은 작은 곳들이 아니다. 상장사다. 그런데도 이 정도의 위험 상황에 직면한 것이다. 물론 구조조정 컨설팅 회사에서 나온 자료이기에 위기에 대한 경고가 좀 더 강경할 수 있다. 구조조정에 나서는 기업이 많을수록 컨설팅 비즈니스는 호경기이니까. 하지만 아무리 이런 점을 감안하고 보아도 한국 기업의 위기 수준은 심각하다.

국가별 상대 비교를 해보면 위험도는 더욱 두드러진다. 구조조정 컨설팅 분야의 세계 1, 2, 3위 회사가 모두 한국에 와 있다. 알릭스파트너스가 2012년에, A&M이 2013년에, FTI 컨설팅이 2015년에 한국 지사를 각기 설립했다. 그만큼 먹거리가 많은 한국이란 얘기다. 이들은 IMF 구제금융 시기에도 한국을 찾았었다.

부실 재벌은 1997년 외환위기 수준과 다를 바 없다. 아니 더 심각하다. 결국 IMF 외환위기 때 수많은 공적자금으로 부실 재벌들을 망하지 않도록 막았는데, 지금까지 밑 빠진 독에 물 붓기 한 셈이다. 더 빨리 그들과 결별했더라면 어땠을까? 재벌 그룹이 무너지면 수많은 일자리가 사라지고 경제지표가 위축되긴 한다. 하지만 부실 재벌을 살리는 데 들어간 기회비용만큼도 그들이 사회에 기여하지 못한 형편이라면 그냥 망하게 두는 편이 낫지 않았을까.

경제개혁연구소의 「재벌기업 부실징후 보고서」에 따르면, 2014년 말 기준으로 자산 5조 원 이상 재벌 그룹 48개 가운데 23개 그룹의 부채 비율이 200퍼센트가 넘었다. 이 중 10개 그룹은 이자보상배율(영업이익/이자비용)이 1배 미만, 즉 이자비용보다 영업이익이 낮아서 영업 활동으로 이자도 충당하지 못하는 상태다. 이들 10개 그룹은 현대, 동부, 한진, 한국지엠(GM), 한솔, 한화, 한진중공업, 대성,

동국제강, 대림그룹이다. 그중 동부그룹은 2007년부터 8년 동안, 한진은 2008년 이후 7년 동안 장기 부실 상태다. 현대그룹과 한진중공업그룹도 각 4년 동안, 동국제강과 대성그룹도 지난 2012년 이후 3년 동안 부실 상태였다. 잠깐 힘든 게 아니다. 이미 심각한 구조조정이 필요한 부실 기업인 셈이다. 대개 재벌 그룹은 수십 개 계열사를 거느리고 있다. 그룹사 하나가 무너지면 수십 개 회사가 도미노처럼 무너질 수 있다.

부채비율 200퍼센트와 이자보상배율 1배 미만에 동시에 해당되는 그룹이 지난 2007년에는 2개였다. 2008년에 6개, 2009년에 9개, 2010년 5개, 2011년 6개, 2012년 10개, 2013년 10개, 2014년 10개다. 2012년 이후의 10개 그룹에 동양, 웅진, STX, 대한전선그룹 등 이미 해체 상태에 들어간 그룹은 포함되지 않았다. 사실상 우리가 알 만한 대기업 중 어렵지 않은 곳은 '빅4'라고 지칭되는 삼성, 현대차, LG, SK 정도다. 이들 4대 재벌 그룹도 계열사별로 구조조정을 벌이고 있으니, 완전히 안심할 수 있는 상태가 못 된다.

한국 재벌 기업의 부실 수준은 1997년 외환위기 때와 비교될 정도다. 세계경제도 한국 경제도 침체된 지금 상황에서 이들이 부실을 털어낼 가능성은 크지 않다. 산업은행, 수출입은행 같은 국책은행이 이들 기업에 산소 호흡기를 대고 있는 셈이다. 금융감독원의 2015년 주채무계열* 41개 그룹 선정 내용을 보면, 산업은행이 14개 그룹(특

---

* 부채가 많은 기업집단(계열)을 주채권은행으로 하여금 통합해 관리하게 한 제도.

히 이 중에는 한진, 동국제강, 동부, 대우조선해양, 한진중공업 등 부실 징후가 뚜렷한 그룹이 많다)을 맡고 있다.

민간은행은 2010년 이후 여신을 계속 처분하며 발을 뺐지만, 국책은행은 더 떠안았다. 이는 정부와 정치권의 무능이 낳은 결과물이다. 국책은행들이 떠안은 부실은 결국 세금으로 충당된다. 부실화된 재벌 기업을 감싸다 결국 세금은 세금대로 축내고, 노동자들만 구조조정에 내몰리는 결과를 낳았다. 부실 재벌 기업 살리느라 들어간 수십 조 세금을 실업 대책과 사회 안전망 구축에 썼더라면 더 큰 효과를 냈을지 모른다. 아울러 국책은행 부실화도 우려된다. 물론 민간은행도 완전히 발을 빼지는 못했기에 부실 여파는 민간은행으로까지 번질 가능성이 있다.

경쟁력을 상실해 성장이 어렵고 재무구조 부실로 위험에 처한 기업을 한계기업이라고 한다. 영업 활동으로 돈 벌어 봐야 금융비용(이자) 감당하기도 버거운 기업들이다.

한국은행은 이자보상배율이 3년 연속 100퍼센트 미만인 기업을 한계기업으로 정의하고 조사를 벌인 바 있다. 한국은행이 발간한 「금융안정보고서」(2016년 6월)에 따르면, '주식회사의 외부감사에 관한 법률'에 따라 외부 감사를 받아야 하는 비금융법인 2만 4,392개(2010~15년 중 폐업 및 피흡수 합병 기업 포함)를 분석한 결과, 한계기업 수가 2014년 말 3,239개에서 2015년 말 3,278개로 증가했다. 전체 외부 감사 대상 기업 중 14.7퍼센트가 한계기업이었다.

대기업의 한계기업 비중도 2015년 말 기준 13.7퍼센트였다. 특히, 한계기업 중 과거에도 한계기업을 경험한 만성적 한계기업은 2010년에 1,646개로 전체 외부 감사 대상 기업 중 7.8퍼센트였으나, 2011년 1,890개(8.7%), 2012년 2,103개(9.3%), 2013년 2,240개(9.8%), 2014년 2,377개(10.6%), 2015년 2,474개(11.2%)로 지속적으로 증가하고 있다. 한계기업 비중과 만성적 한계기업 수가 계속 증가하고 있다는 것은 한국 기업들이 처한 상황이 얼마나 좋지 않은지를 단적으로 보여준다. 이들 한계기업 중 부채비율이 300퍼센트 이상인 기업 비중은 2015년 말 기준 32.4퍼센트이고, 완전 자본 잠식 기업도 31.9퍼센트에 달한다.

진짜 구조조정은 아직 시작되지도 않았다

이제 구조조정은 다 끝난 거 아니냐고 하는 이들도 있다. 금융권 구조조정은 2015년에 정점을 찍었다. 하지만 이게 끝이라고 생각하는가? 은행, 보험, 카드, 증권 등 금융권에서 희망퇴직, 명예퇴직 등의 이름으로 사라진 일자리가 2015년에만 5만 개 이상이라고 한다. 금융업계 감원은 2011년 이후 계속되었다. 그래서 2015년 대량 감원 이후 이젠 끝났겠지 하며 안심하는 이들도 있었다. 하지만 2016년에도 구조조정은 계속되었다. 2017년에도 마찬가지일 것이다.

은행권에서는 인터넷 전문 은행 등장과 스마트뱅킹의 확대로 점점 오프라인 점포의 역할이 사라진다. 점포 통폐합이나 인원 감축은 당연한 수순이다. 미국에서도 은행들이 점포를 줄이거나 카페로 전환하는 경우가 크게 늘었는데, 이는 감원과 연결된다. 카페가 된 은행에 오는 고객들에게 은행 직원들이 해주는 일이란, 스마트폰뱅킹 방법을 알려주고 유도하는 것이다. 오프라인에서의 기본적인 은행 업무를 줄여나가기 위한 과도기 서비스일 따름이다.

은행들로서는 직원 감원과 함께, 그동안 유지해오던 오프라인 점포의 부동산 처분 또는 활용이 큰 숙제다. 임대 영업점은 그나마 점포를 없애는 게 수월하다. 하지만 은행이 소유한 건물이 꽤 많은데, 그걸 다 처분하는 게 쉽지 않다. 카드업계도 기존의 수수료 기반 수익모델이 한계에 다다름에 따라 수익 감소는 불 보듯 뻔하고, 결국 인원 감축과 지점 축소를 선택한다.

증권업계도 증시 침체 여파로 2011년부터 2015년까지 4년 사이 8000여 명을 감원했지만 앞으로도 더 해야 할 듯하다. 로보어드바이저가 자산관리를 하는 시대다. 핀테크가 금융에서 차지하는 비중이 점점 커지면서 IT 인력이 대거 금융권에 유입되어야 한다. 과거 방식으로는 더 이상 금융기업이 생존하기 어려워졌다. 인력 감원 사유는 점점 늘어나기만 한다.

조선업계를 필두로, 철강, 해운 등 일부 업종에서의 구조조정을 전체 산업의 구조조정으로 침소봉대하지 말라는 이들도 있다. 그게 과연 위기를 증폭시키는 비약적 과장일까? 장기 불황은 실체 없는 위기감에 불과한 것일까? 1990년대 후반부터 지금까지 늘 위기와 극복의 연속이었지 언제 위기 아닌 적이 있었냐고 되물을 수도 있다. 하지만 지금의 위기는 산업 재편으로 판이 바뀌는 상황에서의 위기이다. 기업이 하루아침에 망하고 산업이 하루아침에 쑥대밭 되는 것도 얼마든지 가능하다.

구조조정을 인력 재편 문제에 국한해 바라본다면 많이 감량했으니 이젠 끝났다 여길 수도 있다. 보통 사람들은 구조조정이란 말에서 정리해고만을 떠올린다. 하지만 인력 조정은 사업 구조 재편의 일부일 뿐이다. 구조조정의 핵심은 사업 방향의 전환, 미래를 기약할 신수종 사업의 창출이다. 미래의 시장에서 살아남을 사업으로 우리 기업들이 전환했느냐가 중요하다. 이렇게 볼 때, 한국 경제에서 정말 구조조정이 충분히 이루어진 산업 분야와 기업이 얼마나 되는지 자문해보자. 구조조정은 이제 시작에 불과하다.

더 이상 경쟁자가 아니다, 이제 우리는 도전자다

한때 앞에는 미국, 뒤에선 중국이 우리의 비즈니스를 압박한다며 한국 경제를 샌드위치 신세에 비유했다. 이젠 아니다. 더 이상 한국에게 샌드위치 위기론은 없다. 샌드위치 신세는 중간에 낀 상태를 말하는 것인데, 어느새 중국이 우릴 추월했다. 미국은 더 앞에, 중국도 우리 앞에 섰다.

중국 기업의 경쟁력은 무섭게 성장했다. 포천 선정 500대 기업 리스트에서 중국 기업은 106개로, 128개인 미국에 이어 두 번째로 많다. 1995년 리스트에 중국 기업은 단 3개에 불과했다. 2005년에 16개가 리스트에 오르더니, 2010년 46개, 2012년 73개, 2014년에 이르러 100개가 되었다. 한국은 2015년 17개다. 2014년에도 17개였다. 2004년 13개, 2001년 11개였던 것에 비해 큰 변동이 없다.

포천 500대 기업 중 창업 15년 이하 회사가 45개사였고, 30년 이하는 총 121개사였다. 하지만 한국 기업 중에선 하나도 없다. 한국의 대기업 쏠림 현상이 얼마나 심한지를 보여준다. 새로운 기업들이 성장하지 못하는 건 심각한 문제다. 기업에도 산업에도 수명이 있다. 산업 재편에 따른 새로운 주자들이 계속 등장해서 쭉쭉 자라주어야 경제도 성장하는데, 우리는 그렇지 못하다. 중국은 창업 15년 이하 기업이 26개, 30년 이하는 53개나 된다. 그만큼 기업이 젊고 급성장하고 있다는 뜻이다. 물론 중국은 자본주의를 뒤늦게 받아들인 데다 내수가 폭발적으로 성장하는 덕분에 젊은 기업이 많은 게 당연할 수 있다. 하지만 미국도 15년 이하 기업이 4개, 30년 이하는 14개나 있다. 심지어 전성기가 지나도 한참 지났다고 취급받는 영국조차 15년 이하 기업 1개, 30년 이하 10개가 포진해 있다.

포천 선정 2016년 유니콘 기업 174개사 중 중국 스타트업은 35개이고, 이 중 34개가 2000년 이후 창업했다. 리스트에 포함된 한국 스타트업은 단 2개로 쿠팡(기업가치 50억 달러)과 옐로모바일(기업가치 10억 달러)이다. '유니콘 기업'이란 10억 달러 이상의 가치를 가진

Part 1 다시 맞은 결별의 시대

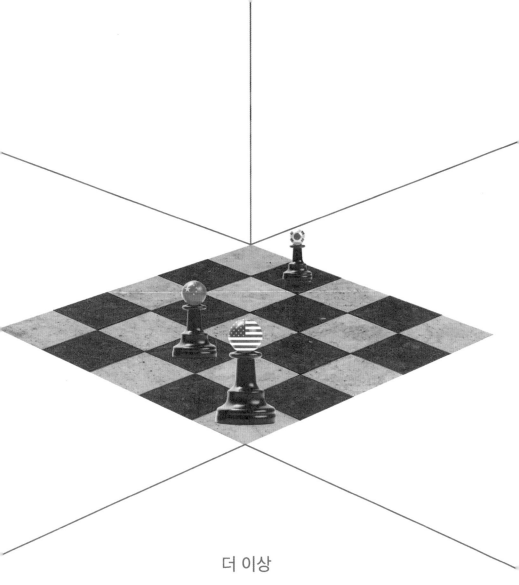

샌드위치 위기는 없다

이젠 아니다.
더 이상 한국에게 샌드위치 위기론은 없다.
미국은 더 앞에, 중국도 우리를 추월하여 앞에 섰다.

테크 스타트업을 말한다. 저성장 시대를 극복할 해법으로 모든 나라들이 스타트업에 기대하고 있지만, 속도와 질에서 한국은 중국과 큰 격차를 보인다.

한국 경제가 샌드위치 신세에 비유될 때는 선두 미국에는 도전자로서, 뒤따르는 중국에는 방어자로서 대응해야 했다. 하지만 이제 미국과 중국 모두에게 도전자로 대응해야 한다. 지킬 것이 있어야 방어를 한다. 도전자는 지킬 것이 없다. 빼앗을 것만 있다. 그래서 더 공격적이어야 하고, 훨씬 더 빨라야 하고, 과거의 관성 따위와는 과감히 결별해야 한다. 굼뜨고 느리고 과거에 빠져 있는 도전자. 이 모순된 상태가 한국 경제의 현주소이다.

사람 수명은 늘고 기업 수명은 짧아진다

영속하는 기업은 없다. 언제든 망할 수 있는 게 기업이다. 경영을 못해서 망하기도 하겠지만, 산업이나 소비자, 시장의 변화를 못 따라가도 망한다. 외부의 경제위기나 사회적 불안정성도 기업을 망하게 할 수 있다. 분명한 것은 기업 수명은 계속 짧아지고 있다는 사실이다. 글로벌 경영 컨설팅 회사 매킨지의 자료에 따르면, 기업의 평균 수명이 1935년 기준으로 90년이던 것이 1975년에 30년, 2015년에 15년으로 갈수록 줄고 있다. 미국의 경영 컨설팅 회사 액센츄어가 미국 S&P 500 기업을 분석한 자료는 더 심각하다. 기업 평균수명은 2010년 기준 15년이었고, 2020년에는 10년이 될 것으로 예측하고 있다.

다시 확인하건대, 이것은 동네 구멍가게 얘기가 아니다. 빅 사이즈 대기업과 글로벌 기업들이 그렇다는 것이다. 이처럼 수명이 짧아지는 이유는 산업 재편 속도가 빨라졌기 때문이다. 그 속도에 적응하지 못하면 사라지는 것이다. 2007년 애플의 아이폰이 등장할 당시 휴대폰 세계 최강자는 노키아였다. 하지만 그들이 시장에서 사라지기까지 불과 8년밖에 걸리지 않았다. 세계 1등도 생존을 장담하지 못하는 시대다.

기업의 실적을 분석할 때도 매출과 영업이익 수치만 볼 것이 아니라, 신사업 분야에서 올린 매출과 이익을 따로 봐야 한다. 미래 먹거리가 계속 준비되지 않는 기업은 당장은 건재해도 내일을 장담할 수 없다. 그렇기 때문에 현재 상황에서의 구조조정은 미래를 위한 전략적 사업 재편이 중심이 되어야 한다. 인력 감축을 통한 비용 절감으로 단기적 수익을 개선하는 식의 얕은 수는 곤란하다. 기업의 생명을 잠시 연장하는 임시방편에 불과하기 때문이다.

LG경제연구원의 보고서 「한국 기업의 활력이 약해지고 있다」에 따르면, 한국 상장기업(유가증권시장에 상장된 비금융기업 기준)의 매출 증가율이 1991~1995년에는 17.6퍼센트, 1996~2000년에는 14퍼센트였다. 즉 1990년대는 10퍼센트가 훨씬 넘는 매출증가율을 계속 유지했었다. 그런데 2001~2005년에는 8.5퍼센트로 떨어졌고, 2006~2010년에는 11.4퍼센트로 살짝 회복세를 보였으나, 2011~2015년 5.1퍼센트로 다시 크게 떨어진다. 영업이익률은 1991~1995년에는 6.6퍼센트, 1996~2000년 5.5퍼센트, 2001~2005년 5.0퍼센트, 2006~2010년 4.8퍼센트, 2011~2015년 3.9퍼센트로 지속적 감소세다. 기업의 성장성과 수익성이 모두 악화하고 있는 것이다.

기업도 생명체와 같다. 노후 기업이 생명력을 다하면 소멸하고, 신생 기업이 새로운 산업에서 새로운 기회를 만들며 성장한다. 그러나 한국에는 새로운 기업이 부족하다. 상위권에 속한 대기업은 10년 전이나 20년 전이나 비슷하다. 기존 기업들이 쌓은 견고한 성이 새로운 도전자들의 기회를 가로막고 있기 때문에 지각변동이 일어나지 않는 것이다. 우리나라는 상장기업 시가총액 상위 25퍼센트에 속하는 기업 중 설립 5년차 이하인 젊은 기업 비중이 2015년 기준 3.3퍼센트에 불과하다. 같은 시점 미국은 젊은 기업 비중이 11.5퍼센트에 달한다. 우리나라 산업계가 얼마나 관성대로 흘러가고 있는지 알 수 있다. 대담한 결별이 필요하다. 버려야 새로운 것을 얻을 수 있지 않겠는가.

한국경제연구원에 따르면, 코스피 상장 제조기업의 매출액 증가율 변화 추이는 2001~2005년 평균 25.1퍼센트에서 2006~2010년 평균 19.5퍼센트 2011~2015년 평균 7.5퍼센트로, 14년 사이에 3분의 1 수준으로 줄었다. 특히 철강·금속업의 성장성 악화는 심각하다. 철강·금속업의 2013~2015년까지 평균 매출액 증가율은 -5.8

퍼센트로, 전체 제조업 중 유일한 마이너스 성장이었다. 부채비율은 265퍼센트로 다른 업종에 비해 상대적으로 높고, 영업이익으로 이자비용도 감당 못하는 한계기업 비중이 28퍼센트에 이른다.

기업 경영성과 평가 사이트 CEO스코어에 따르면, 30대 그룹 1,022개 계열사의 2015년 해외 매출은 586조 4000억 원으로 2014년 633조 6000억 원 대비 7.4퍼센트(47조 2000억 원)나 줄었다. 2015년 국내 매출은 644조 8000억 원으로 전년 680조 5000억 원에서 5.2퍼센트(35조 6000억 원) 감소했다. 수출도 내수도 모두 큰 폭의 감소세다.

한국은행 「금융안정보고서」(2016년 6월)에 따르면, 대기업의 매출액 증가율은 2014년 -1.7퍼센트로 마이너스를 기록했고, 2015년에는 -4.7퍼센트로 더 악화했다. 한국 경제는 대기업이 주도하는 구조다. 그동안 대기업만 일관되게 밀어줘왔다. 그런데 보약 먹여가며 키워놓은 이 대기업들이 정작 글로벌 기업들과 겨뤄야 할 본무대에서는 힘을 못 쓰고 기껏해야 골목 상권이나 위협하고 있다. 한국 경제는 과감히 대기업 중심 정책과 결별하고 중소·중견기업 지원 육성과 스타트업 정책을 강화해야 할 타이밍마저 놓치고 있다.

병든 대마大馬는
살리기 더 어렵다

국내 기업들의 부실은 계속 늘었지만 퇴출은 상대적으로 적었다. 자고로 기업 퇴출에 적극적인 정부는 없다. 당장 일자리가 줄어들고, 경제 정책이 실패했다는 비판을 받고, 정치적 이슈로 이용될 수도 있기에 우선 산소 호흡기를 꽂아서라도 최대한 버티게 하는 쪽으로 대처하기 십상이다. 특히 경제에 미치는 영향이 큰 대기업일수록 이러한 경향이 강하게 관철된다. '큰 집은 죽지 않는다'는 뜻의 바둑 용어인 대마불사大馬不死가 경제에서 유독 많이 쓰이는 이유가 여기에 있다. 1997년 외환위기 때에도 국민경제에 미치는 영향 때문에 대기업 파산을 방치할 수 없다는 논리가 횡행했다.

생각해보자. 대기업은 부실 경영으로 위기를 맞아도 공적자금을 들여서 살려낸다. 중소기업에선 상상도 못할 일이다. 중소기업은 부실 징후만 보여도 공적자금 투입은커녕, 오히려 은행권이 득달같이 대출 회수에 나선다. 한국 경제는 대기업에 많은 특혜를 줘왔다. 그렇다면 과연 이런 특혜를 받은 대기업이 제대로 보답은 했을까? 국회 예산정책처가 발간한 「대한민국 재정 2016 보고서」에 따르면, 2015년 11월 기준 그동안 정부가 투입한 공적자금은 총 168조 7000억 원이고, 그중 111조 6000억 원을 회수했다. 회수율 66.2퍼센트. 쏟아부은 자금의 3분의 2 정도만 회수한 셈인데, 속을 들여다보면 더 심각하다. 공적자금 투입에 따른 이자비용 79조 원을 고려하면 회수율이 45.1퍼센트로 떨어진다. 이자를 감안하면 그동안 정부가 역대로 들인 공적자금 중 채 절반도 회수하지 못한 것이다. IMF 외환위기, 카드대란, 저축은행대란 등을 거치며 대마불사라는 안이한 관행으로 투입한 혈세 중 반은 날려버린 셈이다. 부실한 대기업과 재벌 그룹은 과감히 망하도록 둬야 한다.

대마는 일단 병이 들면 살리기가 훨씬 어렵다. 대마불사는 과거의 관성일 뿐이다. 이제 한국 경제를 위해서라도 이런 관성과 결별해야 한다.

가장 대표적 사례인 대우조선해양은 외환위기 때 공적자금을 투입해 목숨을 연장시킨 기업이다. 망해가던 기업을 살리려고 2000년 2조 9000억 원, 2015년 4조 2000억 원 등 총 7조 1000억 원의 세금을 투입했다. 하지만 건강하게 살아나기는커녕 부실만 더 커졌다. 대우조선해양은 2013~2015년 3년간 5조 5000억 원의 적자를 냈다. 2015년에는 3조 원 이상 영업손실을 보고도 877억 원에 이르는 임직원 격려금을 지급해 국민을 분노케 했다. 2015년은 대규모 공적자금이 투입된 해인데, 돈도 못 번 회사가 혈세를 받아 격려금 잔치를 한 것이다. 대우조선해양은 그동안 부실 경영을 감추고 실적을 부풀리려고 수조 원대의 분식회계를 했다. 각종 낙하산 인사를 비롯해 속출하는 내부 비리로 부실은 더 커졌다. 이들을 감시해야 할 산업은행과 금융위원회도 책임이 있다. 대우조선해양은 세계적 경제위기 속 조선업 불황 때문에 어쩔 수 없이 위기를 맞은 게 아니다. 이런 기업에 대해 다시 구조조정을 얘기하고 회생을 얘기하는 건 그야 말로 넌센스다.

이제 대마불사라는 말을 지워버려야 한다. 승패가 병가의 일상사 이듯 기업이 살고 죽는 것은 경제라는 전쟁터의 일상이다. 자생력을 갖지 못한 기업이 빨리 망할수록 참신한 기업가들에게 새로운 기회 가 온다. 대마의 죽음을 두려워 할 이유가 없다.

네 탓이오, 모두가 네 탓이로소이다

기업 등에서 혁신 전략이나 한국 기업의 위기와 생존에 관한 강연을 할 때면, 말로는 혁신을 외치지만 정작 달라지는 것 없는 한국 기업 의 관행에 대해 쓴소리를 많이 할 수밖에 없다. 그런데 강연을 마친 후 신기한 반응을 접하곤 한다. 청중이 주로 직원일 경우, 이 강의는 우리 회사 경영진이 꼭 들었으면 좋겠다는 이야기가 나온다. 거꾸로 CEO나 경영진을 대상으로 강연하고 나면, 이 내용을 자기 회사 직 원들에게 들려주어야겠다는 소감이 반드시 나온다.

직원들이든 경영진이든 결국 변화와 혁신의 책임을 서로 상대에 게 미루기만 하는 것이다. 직원들은 자기들이 조직 혁신을 할 힘이 있겠느냐며, 경영진이 위에서부터 아래로 내려 보내 추진해야 할 문 제로 생각한다. 경영진은 직원들이 바뀔 생각이 없는데 경영진이 아

대마불사大馬不死라는 말을 지워라.
오히려, 병든 대마는 살리기 어렵다.

무리 노력해봤자 소용없다고 여긴다. 기업의 가장 중요한 두 주체가 그렇게 상대에게 미루면서 혁신을 외면해온 것이 우리 기업의 현실이다.

혁신은 말 그대로 과감하게 바꿀 각오가 서야 하고, 자신을 포함해 누구든 혁신의 주체이자 대상임을 깨달을 때 시작된다. 그러나 대부분의 임직원은 서로에게 책임을 떠넘기면서 자기는 충분히 공감하고 있으니 혁신의 대상이 아니라고들 생각한다. 어쩌면 혁신의 걸림돌이 바로 자신일 수 있는데 말이다. 우리는 늘 남 탓에 익숙하다. 경영자는 직원 탓, 직원은 경영자 탓, 그게 아니면 경기를 탓하거나 노조를 탓하고 정부를 탓하지만, 자신에게도 심각한 문제가 있다고 자성하는 사람을 만나기는 지극히 어렵다.

사람들은 이중적 태도를 가진다. 자기 일일 때와 남의 사안일 때 해법이 극단적으로 달라진다. 가령, 적자가 심한 공기업이 임직원에게 일반 직장인들이 박탈감을 느낄 정도로 높은 임금을 지급하거나, 정부 지원까지 받는 상황에서 직원들에게 엄청난 복지 혜택을 준다면 우리는 어떤 반응을 보일까? 대다수가 망설임 없이 도덕적 해이라고 비난할 것이다. 그리고 이런 적자투성이 공기업을 구조조정하자는 데, 인력을 줄이고 임금과 직원 복지를 감축하자는 데 찬동할 것이다. 이런 판단에는 오랜 시간이 걸리지 않는다. 직접적 이해관계가 얽힌 상황이 아니기에 객관적인 판단이 쉽다. 그런데 같은 내용을 당사자인 공기업 직원들은 어떻게 받아들일까? 결사항전이라도 치를 기세로 거부할 것이 틀림없다. 공기업 직원만이 아니라 그

가족이나 친구들도 비슷한 태도를 보일 것이다. 자기 것을 빼앗길지 모를 이해관계가 얽힌 상황이기 때문이다.

밥그릇 때문에 우리는 종종 비겁해지기도 하고 사악해지기도 한다. 이런 이중적 태도와 자기 정당화가 사회 곳곳에 만연해 있다. 과거와 결별하고 미래를 향해 나가야 할 주체는 남이 아니다. 바로 나 자신이다.

조용한 지각 변동, 의대보다 공대

학벌 타파를 주장해오던 시민단체 '학벌 없는 사회'가 2016년 4월 자진 해체했다. 명문대를 나와도 취업난에 시달리는 현실에서 이제 학벌 자체가 무의미해졌다는 이유에서다. 학벌이라는 끈끈한 카르텔 속에서 서로 밀어주고 끌어주던 시대는 가고, 이제는 자기 하나 살아남기도 바쁘다. 서울대 나와도 취업이 어렵다. 서울대 출신이 9급 공무원 시험에 매진한다거나 명문대 졸업 후 다시 기술을 배우러 직업전문학교를 간다는 이야기는 더 이상 뉴스감도 되지 못한다. 물론 사십대 이상에서는 여전히 학벌의 힘이 크다. 하지만 사오십대는 직장에서 밀려나는 시기다. 그 위 세대는 이미 밀려나고 은퇴했다. 사회적 역할에서 멀어진 이들끼리 학벌을 따져봐야 무슨 소용인가. 학벌이 가진 힘은 서서히 더 취약해질 수밖에 없다.

대학 가는 것이 전부이고 명문대 졸업장 하나로 평생 먹고살던 시절이 있었다. 그 시대를 기억하는 이들은 학벌에 대한 미련을 버리지 못한다. 경험의 함정이다. 과거에 사로잡힌 학부모들은 여전히 자녀를 영어유치원을 필두로 사립초등학교로 특목중, 특목고로 SKY로 대표되는 명문대 진학 코스로 내몬다. 물론 학벌 좋아서 손해 볼건 없다. 하지만 거기에 '올인'한다고 해서 그 자녀들이 마주할 미래가 낙관적인 것은 결코 아니다.

혁신과 구조조정은 기업에게만 요청되는 주문이 아니다. 보편적인 시민들도 관성과 고정관념을 버려야 한다. 매일경제신문이 서울대 자료를 입수해서 보도한 기사에 따르면, 2015학년도 정시 모집으로 입학한 공대 신입생 675명 중 17퍼센트에 해당하는 115명이 타대학 의대, 치대, 한의대에 중복 합격했지만 의대를 포기하고 공대를 선택했다. 졸업 후 취업이나 창업에 더 유리하다고 판단한 것이다. IMF 외환위기 이후 한동안 의대 인기가 치솟았다. 전국의 모든 의대 정원이 다 차고 나서야 서울대 공대에 지원한다는 얘기가 회자되었을 정도다. 멀쩡한 직장 잘 다니던 대기업 직원들이 사표 쓰고 한의대에 진학하거나 의학전문대학원에 입학하는 일도 많았다. 그런데 의대 인기가 예전 같지 않다. 역으로 공대 인기는 상대적으로 더 높아졌다. 인문사회 계열의 꽃이라 불리던 경영학과의 인기도 시들고 이공계 지원은 더 확대되었다.

IT산업 비중이 점점 커지는 시대에 취업시장에서도 공대생이 훨씬 유리하고, 스타트업 창업에서도 공대생이 더 유리하다. 물론 여전히 의사나 변호사가 고수입에 선망되는 인기 직업이긴 하지만, 과거에 비해서 사회적 위상도 직업이 가진 경제적 기대치도 낮아졌다. 전문직종 내에서도 점점 더 소수만이 예전과 같은 지위를 누린다. 전문직의 위기는 산업적 사회적 환경 변화에 기인한다.

미국에서는 오래 전부터 공대가 인기였다. 덕분에 IT산업에서 주도권을 거머쥐었고, 벤처 스타트업의 거침없는 도전이 신경제를 떠받치는 큰 역할을 하고 있다. 그와 달리 한국에서는 의대 진학이나, 사법·행정·외무고시 등에 다들 진력해왔다. 한국 사회에서 부와 명예를 얻는 최고의 방법이었기 때문이다. 이제 공대가 의대를 제치고 인기를 끄는 건 중요한 변화이다. 우리의 사회 환경과 산업 환경이 예전과 판이하게 달라지고 있음을 너무도 확연히 보여주기 때문이다.

절박함 더하기 관성은 필패

OECD 국가 중 GDP 대비 사업체 수가 가장 많은 나라는 한국이다. 개인사업체, 바로 자영업자 때문이다. 한국은 영세한 자영업자가 유독 많다. 자영업이 잘 되서 창업에 나섰다기보다, 취업이 안 되서 어쩔 수 없이 자영업을 택한 사람들이 많은 것이다. OECD 국가들의 자영업자 비율은 평균 15퍼센트 정도인데 우리는 26~27퍼센트 정도로 높다. 터키나 그리스도 자영업자 비율이 높지만 이들은 관광이 주요 산업이다. 반면 우리나라는 제조업이 주요 산업이란 측면에서 질적으로 다르다. 지금의 한국 자영업자 비율을 유지한 채 그들의 생존 기반을 안정적으로 유지하려면 내수 소비가 크게 늘어나거나 외국인이 대거 한국에 유입되어 소비를 해야 한다. 둘 다 결코 쉽지 않다. 장기 불황 시대에 자영업 위기는 더 심각해졌다. 상황이 이러한데도 직장에서 밀려나는 많은 이들이 창업을 한다며 자영업의 좁은 문으로 들어선다. 창업은 새로운 업을 창조하는 일이다. 직장을 떠나서 뻔한 자영업을 택하는 것을 창업이라고 하지 않는다. 직장의 관성만큼이나 자영업의 관성도 크다. 직장 아니면 자영업이라는 두 가지 선택지에만 매몰되는 것도 과거의 관성이다.

길거리 상가에 세 집 건너 한 집이 치킨집이거나 카페인 현실에서 오늘도 직장에 사표를 던지고 치킨집 사장님으로 변신하는 이들이 줄을 잇는다. 자영업을 만만하게 보지 말라고 충고를 하면 대개 이런 답이 돌아온다. "누군 자영업 힘든 것 몰라서 그러나? 처지가 절박하니 궁여지책인 거지."

안된 이야기지만, 절박한데다 과거의 관성에까지 사로잡혀 있다면 그 사람은 백 퍼센트 실패한다. 절박한 처지일수록 절치부심 새로운 길을 찾아야 하는데, 보통은 가장 쉬워 보이고 남들이 많이 가는 길을 따라간다.

대표적인 사례로, 다단계 판매업계를 들여다보자. 공정거래위원회에 따르면, 2014년 다단계 판매업자 중 공개대상 사업자는 109개 사이고 총 매출액은 4조 4972억 원이다. 등록된 다단계 판매원은 총

689만 명인데 이는 전년 대비 20.4퍼센트 증가한 것이다. 이 같은 수치는 다단계 판매 업종이 증가 추세이고 적지 않은 사람들이 이 일에 뛰어들고 있음을 증명한다.

그러나 회사로부터 판매원에게 지급되는 돈인 '후원수당'을 받는 판매원은 전체의 19.4퍼센트인 134만 명에 불과하다. 판매원 5명 가운데 4명은 돈 한 푼 못 버는 셈이다. 후원수당을 받는 이들 중에서도 상위 1퍼센트 판매원이 받는 지급액이 평균 5864만 원이고, 나머지 99퍼센트의 평균은 52만 원에 불과하다. 등록된 전체 다단계 판매원 숫자를 놓고 따져보면 상위 0.2퍼센트 안에 들어야 직업으로서 안정된 수익을 거둔다는 얘기다. 지급받는 돈이 다 순익이라고 보기도 어렵다. 이 중 영업을 위해 쓴 비용이 상당할 테니 실제 최종적으로 손에 쥐는 돈은 훨씬 줄어든다. 최상위 0.2퍼센트에 끼지 못하는 나머지는 후원수당을 받는다고 해봐야 교통비나 겨우 건질까 하는 수준이다.

700만에 가까운 판매원 중 전체의 80퍼센트는 후원수당을 단 한 푼도 받지 못한다. 아니, 돈 못 버는 건 고사하고 오히려 불필요한 소비만 늘어난다. 뜻대로 판매가 안 되면 "어차피 원래 사려고 했던 물건이야." 하며 팔아야 할 물건을 자기가 구입하는 식이다. 이런 이들을 '자가 소비형 판매원'이라고 하는데, 다단계 판매회사 입장에서는 이보다 더 좋은 고객이 따로 없다. 판매원은 허울이고 그냥 소비자, 아니 봉이라고 할 수 있다.

피라미드 최정점에 올라야 돈을 버는, 확률상 낙타 바늘구멍 들어가기에 다름없는 일이건만 종사자가 전년 대비 20퍼센트나 늘었다는 것은 그만큼 절박한 이들이 많다는 뜻이다. 능력은 부족한데 처지는 궁하고 귀는 얇은 사람들이 몰린다. 위기에 처하면 사람들은 절박해지고 사기도 더 많이 당한다. 절박한 처지와 익숙한 관성의 합작품이다.

익숙한 것과의 결별이 쉽다고 생각하는가? 직장에서 밀려난 700만 자영업인이 있다. 0.2퍼센트 안에 들지 못하면 전혀 직업 구실을 할 수 없는 다단계 피라미드에 또한 700만 명이 종사한다. 퇴출될 날이 언젠가 반드시 다가올 것임을 알면서도 많은 직장인이 그저 오늘 허락된 밥벌이에 안도하며 내일에 대한 준비 없이 하루하루를 살아가고 있다. 물론 이들이 모두 과거의 관행에 안주한다고 말하는 것이 아니다. 얼마나 많은 이들이 익숙한 방식, 익숙한 범주에서 벗어나지 않고 살아가고 있는지 다시 한 번 생각해보자는 뜻이다.

사회적 동물인 인간은 무리 속에 있을 때, 그리고 익숙한 생활 방식을 지속할 때 편하게 느낀다. 우리는 익숙함과 무리가 주는 이 편안함을 벗어던질 용기를 가지고 있을까?

02

위기는 상시적이 되었다

사오정의 시간은
거꾸로 간다

취업 포털 잡코리아가 2016년 5월 직장인 1,405명에게 물었다. '현실적인 상황을 고려했을 때 몇 세까지 회사 생활을 할 수 있을 것으로 생각하는가?' 응답 평균은 50.9세로 나타났다. 성별로는 남자가 51.7세 여자가 49.9세였고, 대기업은 48.8세 중소기업은 50.8세 공기업은 54.8세였다. 정년까지 고용이 유지될 거라 믿는 직장인은 18.6퍼센트에 불과했다. '60세 정년'이라지만 현재의 주 직장에서 은퇴하는 시기는 그보다 훨씬 빠를 것으로 대부분 예측하고 있다.

현실은 이 응답 결과보다 가혹하고 냉정할 수 있다. '사오정(45세가 정년)'이란 말이 그냥 나온 건 아니다. 오늘날 사십대는 기존 직장과 결별하거나 혹은 결별을 준비해야 하는 시기이다. 한참 젊은 사십대, 일할 시간은 많아야 하고 퇴직 후의 시간은 짧아야 하는데 상황은 정반대다. 퇴직은 머지않았고 퇴직 이후의 시간은 길기만 하다. 사오정 직장인의 시간은 거꾸로 간다.

한국은행에 따르면, 2016년 1분기 말 가계부채가 1223조 7000억 원으로 전년 동기 대비 125조 4000억 원 늘었고 증가율은 11.4퍼센트다. 가계부채가 1년 사이에 11퍼센트 넘게 증가한 것은 놀라운 일이다. 우리나라 경제성장률이 최근 2~3퍼센트대 수준에 머물고 있음을 고려하면, 경제성장의 몇 배나 높은 비율로 부채가 가파르게 증가하고 있는 셈이다. 그런데 과연 이렇게 늘어난 빚을 갚을 여력은 있을까?

한국은행의 「금융안정보고서」는 사정이 그렇지 못함을 보여준다. 우리나라 2015년 가계부채 '한계가구'는 134만 2000가구로 전년보다 3퍼센트 늘어났다. 한계가구란 금융부채가 금융자산보다 많으면서 대출 원리금 상환액이 처분가능소득의 40퍼센트가 넘는 가구를 말한다. 가구당 구성원을 3명으로 잡으면 400만 명 정도의 인구다. 가계부실위험지수(HDRI)가 100을 초과하는 '부실위험가구'도 전년 대비 3만 가구 늘어난 114만 4000가구로 전체 금융부채 보유 가구의 10.4퍼센트였다. 부동산을 포함해 갖고 있는 걸 다 처분해도 빚을 못 갚는 가구다. 한계가구와 부실위험가구로 중복 판별된 '고위험군' 가구도 54만 가구다. 이들 중 유독 40대가 많다(38.5%).

우리나라 사람들의 기대수명은 1970년 기준 61.9세였다. 그 당시 정년퇴직은 곧 인생의 마무리였다. 55세에 정년퇴직해도 겨우 7년 정도가 남는다. 1988년이 되면 기대수명은 70.3세로 늘어난다. 이때도 55~60세 퇴직하고 나면 남는 시간은 10~15년이었다. 1970~80년대까지만 해도 평생직장이란 말이 자연스러웠다. 2013년 기준 기대수명은 81.94세(여성 85.06세, 남성 78.51세)다. 특별히 장수하는 사람이 아니라 보편적인 사람들이 거의 82세 정도는 산다는 얘기다. 평균이란 건 더 많은 것과 더 적은 것의 중간이다. 큰 병이나 사고로 유소년기와 청장년기에 사망하는 사람들을 제외하면 대체로 평균수명보다 더 오래 살 수 있어 이미 체감상으로는 90세 수명이 보편적이다. 이 추세대로라면 100세 시대가 머지않았다.

2016년부터 사업장 규모에 따라 순차적으로 60세 정년법이 적용된다. 그 전까진 55세가 정년인 기업이 많았고, 일부 기업에선 57세, 간혹 60세인 경우도 있었다. 정년이 늦춰진 것은 다행이지만, 60까지 꼬박 채우고 나간다고 해도 퇴직 후 기대여명이 22년이나 남는다. 아흔까지 산다면 30년이다. 만일 다수 직장인이 짐작하는 대로 50세에 퇴직한다고 하면, 퇴직 후 남는 시간이 무려 40년이다.

그나마 정년을 다 채우고 퇴직하는 사람은 생각보다 적다. 인사혁신처에 따르면, 2014년 공무원 총 퇴직자 2만 3,846명 중 정년퇴직자는 8,276명이었다. 시쳇말로 철밥통이라는 공무원도 정년퇴직 비율이 34.7퍼센트에 불과했다는 것. 이는 교원도 마찬가지다. 한국교육개발원 교육 통계 자료에 따르면, 2014년 4월~2015년 4월까지 1년간 총 퇴직교원 1만 5,271명 중 정년퇴직자는 4,426명으로 29퍼센트에 불과했다. 교원의 정년퇴직자 비율이 2005년에 54퍼센트였던 걸 보면, 10년 사이 반 토막 난 셈이다. 우리 사회에서 그나마 평생직장 축에 속하는 공무원, 교원마저 이제 정년까지 일하기가 쉽지 않다. 60세에 퇴직한다 해도 남은 노후 30년이 기나긴데, 실질적 퇴직 시기가 50세인 현실을 생각하면 아찔할 뿐이다.

인사혁신처에 따르면, 2016년 상반기 국가공무원 9급 공채시험에서 40~49세 지원자가 9,756명으로 전년 동기 대비 20.9퍼센트 늘었고, 50세 이상은 957명이 지원해 전년 동기 대비 24.6퍼센트 증가했다. 7급 공무원 공채에서도 40~49세는 4,420명이 지원해 전년 동기 대비 13.8퍼센트, 50세 이상은 459명으로 전년 동기 대비 20.8퍼센트 증가했다. 특히 9급 공무원에 도전하는 사오십대가 매년 급증세다. 60세 정년인 공무원직에 오십대가 합격한다 해도 근무할 수 있는 기간은 10년이 채 안 된다. 하지만 대기업에 다니던 사오십대들까지 공무원 시험에 뛰어든다. 그나마 공무원은 정년을 채울 가능성이라도 높지만, 대기업은 전혀 그렇지 않음을 잘 알고 있기 때문이다. 한국의 사오십대에게 공무원은 제2의 직업이자 새로운 도전의 대명사가 되었다. 서울시의 경우 2015년 7급, 9급 공무원에 응시한 사오십대는 모두 9,200여 명이었고, 이 중 2퍼센트 정도가 합격했다. 여기도 정말 좁은 문이다. 하지만 그나마 이 문을 두드리는 게 현 직장에서 버티는 것보다 훨씬 낫다고 여기는 것이다.

기획재정부가 조사한 내용을 보면, 신규 창업자 99만 명 중 84만 명이 3년 안에 폐업했다. 창업 성공률이 15퍼센트에 불과하다. 하지만 40~50대 공무원 합격률인 2퍼센트보다는 훨씬 여지가 넓다. 어차피 성공률 높은 쉬운 도전이란 건 없다. 재취업을 하든, 공무원이

62

되든, 자영업을 하든, 스타트업을 하든 다 어렵긴 마찬가지다. 애초에 쉬운 길이란 것을 생각하지 말아야 한다. 어려운 길을 뚫고 살아남는 게 우리 모두의 지상 과제가 된 시대다.

명예 없는 명예퇴직, 정상 없는 임금피크

임금은 받아 가지만 막상 회사에 별로 기여하지 못하는 이들을 기업은 무임승차자로 본다. 이들은 어떻게 할 것인가는 기업 경영자들의 큰 고민거리다. 입장 차이가 확연한 문제다. 오랫동안 회사에 기여한 사람의 쓰임새가 사라졌다고 당장 내치는 것은 가혹하다고 여기는 이들이 있다. 반대로, 월급만 받고 회사의 생산성에 기여하지 못하는 이들을 방치하면 비용 손실과 그로 인한 기회 손실까지 발생하므로 과감히 정리해야 한다는 이들도 있다. 고용을 복지로 바라볼 것인가? 만약 그렇다면 무임승차자라 할지라도 보듬고 가야 맞다. 하지만 기업의 사회적 책임을 아무리 강조하더라도 고용 행위를 복지와 등치시킬 수는 없다. 고용 탄력성은 고용 안정성과 함께 가야 한다. 한국 사회는 고용의 안정성이 취약하다 보니 탄력적 고용이나 고용 융통성에도 한계가 있다. 그렇다고 이 둘을 서로 대치된 관계로 방치할 수만은 없다.

현실적으로 대기업은 구조조정으로 내보내야 할 인력이 많다. 새로운 사업에 필요한 전문성을 가진 새로운 인력을 충원하기 위해서라도 무임승차자를 내보낼 필요가 있다. 하지만 쉽사리 풀리지 않는 딜레마다. 전전긍긍하는 사이 기업은 기업대로, 직장인은 직장인대로 위기만 가중된다. 한국 경제가 어려운 건 세계 경제 위기 때문만은 아니다. 기업들이 미래를 위한 준비에 소극적이었던 것도 큰 원인인데, 이는 조직 문화와도 연관되고 인력 문제와도 직결된다. 산업이 급변하는 시대에 직장인에게 보장된 시간은 점점 줄어들 수밖에 없다. 직장인만 그런 게 아니라, 앞에서 살펴보았듯 기업의 처지도 마찬가지다. 직장인의 근무 기간, 기업의 수명 공히 모두 줄고 있다. 기업이 망하는 게 일상이듯, 개인에게 위기가 수시로 찾아오는 것도 이제는 보편 현상이 되었다. 당신이 운이 나빠서가 아니다. 급변하는 시대에 위기는 상시적일 수밖에 없다.

2016년 9월, LG전자가 창사 이래 처음으로 명예퇴직 제도를 공식 도입했다. 만 50세 이상 직원 대상으로 1년간 시행되는 '브라보 마이 라이프' 프로그램으로, 참여자는 직전 연봉의 50퍼센트를 받는 대신 근무시간의 절반인 주 20시간만 일하고 나머지 시간은 창업이나 기술 교육을 받는다. 고용노동부와 함께 진행하며 회사에서 월 200만 원 한도로 교육비와 활동비를 지원한다. 이렇게 1년간의 프로그램을 이수하고 퇴직할 때에는 직전 연봉에 해당하는 창업 지원금을 준다. 이는 퇴직 위로금 성격이기도 하다. 많은 기업이 정년 60세 연장에 따른 인건비 부담을 임금피크제와 명예퇴직제도로 풀려고 한다. 실적이 부진한 기업들은 더욱 적극적으로 이 문제를 풀어야 한다. 조직을 가볍게 만들고 새로운 비즈니스를 위해 인력 재편과 구조조정을 단행해야 할 당위성이 더 높기 때문이다.

전국경제인연합회에서 '국내 주요 그룹 임금피크제 도입 현황'을 조사한 결과에 따르면, 2016년 1월 기준으로 모든 계열사가 임금피크제를 시행하는 그룹은 삼성, 현대차, LG, 롯데, 한진, 두산, CJ, 대림, 한진중공업, 한국타이어, 삼천리 등 11개 그룹이다. GS, LS, 현대산업개발 등 3개 그룹은 2016년 연내 전면 시행을 예고했다. 신세계, KT, 한화 등 3개 그룹은 거의 대부분 계열사에서 시행 중이다. 전경련은 국내 49개 그룹을 조사 대상으로 선정했으나 이 중 25개 그룹만 조사에 응했고, 결국 응답한 25개 그룹사 중 17개 그룹사가 임금피크제를 거의 대부분 도입한 셈이다.

노동자에게 유리한 변화에는 적극적이지 않지만, 반대로 기업에게 유리한 변화는 적극적으로 받아들이는 게 기업 경영자들의 보편적 선택이다. 한국을 대표하는 대기업 그룹사들이 임금피크제를 전면 시행하면, 중견·중소기업 경영자들도 이를 명분 삼아 임금피크제 도입에 나선다. 임금피크제란 정년을 60세로 늘려 고용을 유지하되 임금은 일정 나이부터 삭감하는 것인데, 자칫 고용 유지는 말처럼 안 되고 임금 삭감을 위한 편법이 될 가능성도 있다. 임금피크제를 찬성하는 건 주로 전경련과 대기업이고, 노동조합은 대부분 반대한다. 이해관계의 분명한 차이를 알 수 있다. LG전자의 명예퇴직 제도는 그나마 여유 있는 대기업이기에 가능하다. 대부분 기업은 퇴직을 준비할 최소한의 시간과 경제적 지원도 배려하지 못하는 형편이

당신이 운이 나빠서가 아니다

급변하는 변화의 시대에 위기는
상시적일 수밖에 없다.

다. 말만 명예퇴직일 뿐, 결코 명예롭지 않은 시간이 직장인들을 기다리고 있다. 직장으로부터의 결별은 선택이 아니라 이미 필연이다.

하나의 세계를 파괴하지 않으면 안 된다

우리가 살면서 가장 어려워하는 게 뭘까? 절대 겪고 싶지 않은 상황은 뭘까? 두 질문의 공통된 답이 바로 결별이다. 결별은 갖고 있던 것을 빼앗기거나 잃어버리는 것이다. 또는 주도적으로 놓는 것이다. 애초에 가지지 않은 것은 빼앗길 수도 놓을 수도 없다. 취업에 실패하는 청년들의 고통이 크다 한들 회사에서 잘리는 중년의 고통에 비할 수 없다. 연애를 하지 않던 모태솔로의 외로움은 연애하다가 헤어지거나 피치 못할 사정으로 결혼 생활이 끝난 이들이 겪는 아픔과 견줄 수 없다. 가진 걸 잃을 때 상처도 고통도 더 크다. 그래서 어렵다. 그래서 결별에 당당하기란 불가능할 수도 있다. 심지어 결별을 피하려고 문제가 있더라도 감수하기도 한다. 결별에 따른 고통과 이후의 불확실한 상황보다는 지금 약간의 괴로움을 감수하는 쪽이 더 안정적으로 보이기 때문이다.

살면서 겪을 수 있는 가장 큰 스트레스는 가족의 사망, 이혼, 실직일 것이다. 이들 충격성 스트레스는 공황장애로 이어지기도 할 만큼 우리에게 큰 내상을 입힌다. 그런데 이 세 가지 스트레스의 공통점 또한 결별이다. 특히 자신이 의도하지 않은 상황에서 결별을 당하는 입장일 때 충격이 크다.

그런데 결별 앞에 '당당한'이란 말을 붙이라니? 정말 결별에 당당 해질 수 있을까? 가족 사망은 여기서 예외로 두자. 하지만 이혼과 퇴사는 다르다. 더 나은 삶을 위한 선택지일 수 있다. 현재의 결혼 생활이 불행하다면 이혼은 새로운 삶을 위한 선택이다. 현재 직장 생활이 불행하거나 비전이 없거나 다른 일을 원하거나 할 때 사표를 쓰는 것은 더 나은 상황을 위한 선택이다. 이민도 있다. 한국에서의 삶이 불만족스럽고 지금과 다른 인생을 꿈꾼다면 이민도 좋은 선택 이다. 요컨대 당당한 결별의 전제는 더 나은 상황을 위한 자발적 선 택이어야 한다는 것이다.

뉴 노멀 시대. 말 그대로 모든 것이 새로운 기준을 맞이한다. 새 로운 정상이 구축되면 반대로 과거에 정상이었던 것은 순식간에 비 정상으로 전락한다. 어제를 붙잡고 있다가는 내일 비정상이자 비주 류가 되고 만다. 그렇게 뒤처지고 도태되면 다시 앞으로 나아가기 가 더 어렵다. 뒤처지기 전에 새로운 변화를 먼저 맞고 빨리 적응하 고 새로운 생존 기반을 다져야 한다. 결별은 상시적이어야 한다. 한 번 쥔 것을 영원히 움켜쥐겠다고 하다가 시대에 뒤처져 도태되고 만 다. 버리고 갈아타고, 또 버리고 또 갈아타고를 반복하는 것이 뉴 노 멀 시대의 삶이다. 그러기 위해서는 관성을 버려야 하고 결별에 대 한 두려움도 버려야 한다. 두려움에 망설일 것이 아니라 오히려 결 별 앞에 당당해야 한다. 당당함의 이유는 어쩌면 가차 없다. 이것이 생존의 문제이기 때문이다.

　기업의 퇴출, 직장인의 실직, 경제 위기는 일시적인 현상이 아니다. 상시로 벌어지는 일이고, 앞으로도 계속 겪을 일이다. 현재와의 결별이 두려워 멈춰 선다면 오늘의 위기는 잠시 넘어서도 내일의 위기에는 그러지 못할 것이다. 결별에 약한 인간이지만 살아남기 위해서 일상적으로 결별할 자세를 가져야 하며, 그러기 위해서는 결별 앞에서 위축되어서는 안 된다. 도전하고 결별하고 또 도전하고 결별하면서 계속 진화하는 사람만 살아남는 시대가 도래했다.

거의 모든 것과 결별해야 하는 시대

우리에게 필요한 결별은 무엇인가? 지금 당신은 결별하고 싶은 것이 있는가? 중독성 습관? 현재 다니고 있는 직장? 아니면 연인이나 배우자? 그도 아니면, 이 나라를 떠올리는가?

　우리가 각오해야 할 결별 중에 우선 직장으로부터의 결별이 가장 비중 있게 다가온다. 직장에서 버티면 안정적이고 새로운 도전은 위험하리라 여기는 태도부터 버려야 한다. 사표는 되도록 안 써야 좋은 게 아니라 필요할 때 잘 써야 좋은 것이다. 사표를 써야 할 최적의 타이밍을 찾아야 한다. 우리는 평생 몇 가지 직업을 가져야 하는 시대를 산다. 하나의 직업으로 하나의 직장에서 평생을 보낼 수 없다. 두 번째, 세 번째 직업을 위해서도 결별은 필수적이고, 그 시기가 중요하다. 조직이 아닌 나를 위한 삶을 시작해야 한다. 점점 직장인 자체가 줄어든다. 재택근무가 활성화되고 프리랜서와 1인 기업이 증가한다. 업무 환경이 송두리째 바뀌기 때문이다.

무엇보다 관성으로부터의 결별이 중요하다. 일터에서의 관성, 직업에 대한 관성, 이 사회에 대한 관성, 인간관계에서의 관성 등 우리가 깰 관성은 무수히 많다.

가장 결별하기 어려운 것은 노예근성일 것이다. 하지만 이것과 결별하고 나면, 온전히 자신의 능력만으로 평가받고자 하기에 더 열심히 미래를 준비하게 된다. 인맥에 의존하거나, 자신의 이익을 위해 부정한 선택을 하거나, 무능한 무임승차자로 버티는 자존심 상하는 상황에서 벗어나기 위함이기도 하다. 단, 법적으로 보장된 자신의 권리를 지키는 일에서만큼은 절대 흔들리지 마라. 당당한 결별을 위해선, 타인의 시선이나 가치판단으로부터도 결별할 필요가 있다.

돈과의 결별도 필요하다. 돈을 버리자는 게 아니라 돈 버는 것을 최대 과제로 여기는 태도에서 벗어나자. 분명 돈은 중요하고 필요하지만 인생을 다 걸 만한 가치가 있지는 않다. 더욱이 불황의 시대엔 돈보다 사람의 가치를 더 중요하게 다뤄야 한다. 일단 돈을 따라다니지 않게 되면 물질만능주의, 외모지상주의, 타인과의 비교, 체면과 허세로부터의 결별이 잇따를 것이다.

결혼과 가족 제도 역시 성역이 아니다. 1993년 이건희 회장은 프랑크푸르트에 삼성그룹 임원들을 모아놓고 마누라·자식 빼고 다 바

꾸라고 선언했다. 당시로써는 파격적이었지만 지금 보면 이 말도 한
계가 다분하다. '결혼의 관성적 유지, 혈연으로 구성되는 가족'이라
는 가족주의 사고방식이 여전하기 때문이다. 이미 결혼에 대한 사
고방식이 바뀌고 있다. 행복하기 위해서 결혼을 하고, 행복하기 위
해서 이혼을 한다. 결혼에 대한 강박과 관성에서 벗어나는 편이 오
히려 결혼제도를 더 효과적으로 누릴 수 있는 길이 되기도 한다. 이
는 결혼뿐 아니라 우리가 가진 가족에 대한 태도, 혈연, 지연, 학연
에 대한 태도로도 이어진다. 부부 및 그 자녀로 구성되는 전통적 가
족과 가정의 의미도 달라지고 있다. 전국 가구 중 1인 가구 비중이 2
인, 3인, 4인 가구를 추월한 지 오래다.

　과거에 당연했던 모든 것들이 더 이상 당연한 것만은 아닌 세상이
되었다. 어쩌면 이것은 스스로와 서로에게 솔직해질 기회다. 우리는
그간 형식에 얽매여 숨 막혀 하면서도 후폭풍이 두려워 관성에 기댔
다. 이제 벗어나자. 무엇과 결별하든 어떻게 결별하든, 중요한 건 우
리에게 변화가 필요하다는 것이다. 그리고 그 모든 변화는 우리의
행복과 미래를 위한 것이어야 한다. 따라서 당당할 수 있다. 우리는
꽤 오래 살 것이고, 그러는 동안 무수한 위기를 겪을 것이다. 우리를
둘러싼 거의 모든 것이 살아가는 거의 모든 기간 내내 쉼 없이 변하
고 결별을 요구할 것이다. 실패 따위에 겁먹거나 떠남을 주저할 여
유도 이유도 없다.

　익숙했던 세상이 저물고 있다. 사라지는 것들과 작별할 시간이 길
지 않다. 우리는 다시 길을 떠나야 한다.

Part 2

뉴 노멀 시대
생존 전략

내가 알던 세상이 사라진다면 어떨까?
그동안 믿던 상식이 더 이상 유효하지 않다면?
모든 것이 바뀌는 시대에 관해 우리는 무엇을 알고
무엇을 모르는가?
우선 담담히 현재 벌어지는 변화를 들여다보자.
선입견을 내려놓고 자신이 가진 이해관계에 얽매이지
않고, 냉정하게 새로운 변화 속으로 들어가보자.

03

파괴적 혁신이 만드는 세상

파괴와 혁신의 일반화

스타트업과 대기업이 싸우면 누가 이길까? 10살도 안 된 꼬마들과 명문대 나온 엘리트들이 경쟁하면 누가 앞설까? 직장생활 20년이 넘은 부장과 갓 입사한 사원이 마케팅을 맡으면 누가 잘할까? 아파트 매매가와 전세가는 어느 것이 더 비쌀까?

답이 너무 뻔한가? 만일 그렇게 생각한다면 꽤 심각하게 자신을 돌아봐야 한다. 생각이 과거에 머물러 있고 지금이 뉴 노멀 시대라는 것을 간과하고 있다는 증거이기 때문이다. 이전 같으면 무조건 대기업이, 명문대 나온 엘리트가, 20년 선임 부장이 이겼다. 전세가는 매매가를 넘어설 수 없고, 전세가가 오르면 매매가도 함께 오르는 것이 상식이었다. 아주 멀리 갈 것도 없이 얼마 전까지도 그랬다. 하지만 이젠 모든 것이 달라졌다. 잠시 한눈파는 사이 세상이 바뀌었다. 아니 두 눈 똑바로 뜨고 있어도 채 알아차리지 못할 정도로 세상은 무섭도록 빠르게 변화했다.

2016년 초 파리에서 택시 기사들이 파업을 했다. 우버Uber 때문에 생계가 위협받고 있으니 파리에서 우버를 몰아내 달라고 말이다. 우버는 승객과 운전기사를 우버 앱을 통해 연결해주는 기술 플랫폼이다. 플랫폼이란 말에서 알 수 있듯, 우버는 택시 차량도 운전기사도 없다. 오로지 연결하는 역할을 할 뿐이다. 대신 모든 결제는 우버 앱을 통해 이뤄지고 우버는 수수료를 챙긴다. 우버 서비스는 일반 운전자가 기사로 참여할 수 있어 가격을 대폭 낮췄다.

파업 당일 우버 측은 오히려 웃었다. 파업으로 시내에서 택시를 잡기 어려워지는 순간 우버 요금이 오른다. 우버는 정해진 요금에 규정 받지 않는다. 눈이 오거나 교통체증이 생겨도 요금은 변동될 수 있다. 수요에 따른 탄력적 운용이 가능하다. 우버의 최고 장점은 편리하다는 데 있다. 파리 택시 파업으로 오히려 평소에 우버를 이용하지 않던 사람들까지도 우버 서비스를 경험할 기회를 가졌다. 결국 파업은 우버를 크게 홍보하는 결과만을 낳았다.

이 파업은 과거의 존재와 현재의 존재가 싸우면 어떤 일이 벌어지는지를 굵고 짧게 시사해준다. 택시업계는 우버라는 새로운 도전자와 밥그릇을 놓고 싸운다고 생각했지만, 소비자들은 과거 방식의 서비스와 새로운 방식의 서비스가 충돌한 싸움으로 인식했다. 이런 경우 최종 결과가 어디로 향하는지 우리는 잘 알고 있다. 자동차의 등장을 저주하던 마차업계가 벌인 저항에 종지부를 찍은 건 다름 아닌 소비자들이었다.

전 세계에는 우버를 싫어하는 기업이 꽤 많다. 우버는 기존 택시업계와 렌터카업계, 그리고 택배업계를 파괴한다. 이는 우버뿐 아니라 우버와 같은 새로운 스타트업들에 의해 기존 산업이 파괴되면서 새로운 산업으로 대체되는 과정이다. 바로 파괴적 혁신이다. 아마존은 기존 유통업계를, 테슬라는 기존 자동차업계를, 애플은 기존 통신업계를, 에어비앤비는 기존 호텔업계를 파괴하며 성장했다. 구글과 페이스북도 기존 질서를 무너뜨리고 새로운 질서를 만들며 성장했다. 이젠 파괴적 혁신은 일부 기업들만의 얘기가 아니라 모든 기업, 모든 산업의 화두가 되어버렸다. 파괴적 혁신의 일반화는 뉴 노멀의 다른 표현이기도 하다.

'파괴적 혁신'이란 기존 산업의 경쟁 질서를 파괴하여 새로운 경쟁우위와 새로운 비즈니스 생태계를 만드는 것이다. 기존 제품이 주지 못하는 새로운 가치를 제공함으로써 기존 시장을 파괴하고 시장을 아예 새롭게 창출해버린다. 시장의 후발주자나 새로운 도전자들에 의해 주로 사용되는 방식인데, 파괴적 혁신을 위해서는 높은 기술력도 중요하지만 무엇보다 소비자들의 심리를 파악하고 새로운 소비 트렌드를 유도 및 창출하는 것이 중요하다. 세계적 경영학자인 하버드대 경영대학원의 클레이턴 크리스텐슨 교수가 1997년에 쓴 저서 『혁신 기업의 딜레마』에서 처음 이 용어와 개념을 소개한 이후 이제 파괴적 혁신은 생존 경쟁을 하는 모든 기업의 숙제가 되었다.

파괴적 혁신자들에 의해 시장을 재편당하는 기업 입장에서 생각해보자. 수십 년 동안 아성을 굳혔다고 생각한 업계에 어느 날 갑자기 들도 보도 못한 이상한 서비스가 나온다. 저게 우리 업계랑 관련이 있는 듯 아닌 듯 애매한데, 사용자와 소비자들은 그쪽으로 몰려만 간다. 업계 상식이 바뀌고 산업의 의미와 지형 자체가 달라진다. 그동안 내가 알고 있던 모든 상식이 더는 통용되지 않는 시기가 곧 닥쳐온다. 당하는 입장에서 보면 파괴적 혁신은 그야말로 지각변동, 뽕밭이 푸른 바다로 바뀌는 상전벽해가 아닐 수 없다.

스타벅스는 무엇을 파는가

다음 보기 중 IT 기업이 아닌 곳은 어디인가?

1. 스타벅스
2. 골드만삭스
3. JP모건
4. 구글

문제가 너무 쉽다고 생각할지 모르겠다. 스타벅스는 커피를 팔고, 골드만삭스와 JP 모건은 글로벌 투자은행이다. 구글이야 두말할 것 없이 IT 분야 최고 기업 아닌가? '그렇다면 답은 구글 빼고 나머지 셋'이라고 자신 있게 얘기한다면 당신은 뒤처져도 한참 뒤처졌다.

정답을 말하자면, 네 기업 중 IT 기업이 아닌 곳은 없다.

스타벅스는 2015년 9월 어도비, 베리사인, 맥아피 등에서 CIO로 일한 IT업계 경력 30년 차 베테랑 제리 마틴 플리킨저Gerri Martin Flickinger를 CIO 겸 CTO로 영입했다. 그전엔 마이크로소프트에서 오래 일하다 주니퍼 네트웍스의 CEO까지 지낸 케빈 존슨Kevin Johnson을 COO로 영입한 바 있다. IT업계 베테랑들을 의사결정권자로 적극 영입한 것만 보더라도 스타벅스가 IT와 무관치 않음을 알 수 있다. 그런데 커피와 이들이 무슨 관계일까?

스타벅스는 스마트폰 무선 충전을 매장에 가장 먼저 도입한 기업이다. 이미 2013년부터 이 서비스에 착수해 2016년엔 미국 내 모든 매장에서 실시하고 있다. 스타벅스에 들러 커피 한 잔의 여유를 느끼는 사이 테이블 위 패드에 올려놓은 당신의 휴대폰은 충전을 마친다. 이미 스타벅스는 2010년부터 와이파이 무료 서비스를 제공해 인기를 끌었는데, 와이파이 속도를 더욱 향상시키기 위해 2013년부터 구글과 손잡고 미국 내 7000개 매장에서 기존보다 10배 빠른 와이파이 서비스를 제공하는 작업에 착수했다.

2011년 1월 스타벅스는 모바일 결제가 가능한 모바일앱을 론칭했는데, 1년 만에 결제 건수 2600만 건을 기록했다. 오직 스타벅스에서만 가능하다는 제약에도 불구하고 모바일 결제 서비스 시장에 나선 어떤 IT 기업보다 많은 결제 건수를 올린 것이다. 2012년에는 결제업체 스퀘어(트위터 창업자 잭 도시가 창업한 회사)에 2500만 달러를 투자했고, 이후 스퀘어와 제휴하여 스퀘어 결제단말기를 스타벅스에 배치했다. 스퀘어앱을 쓰는 사용자가 스타벅스에 들어서면 GPS

스타벅스의 모바일앱. 론칭한 첫해에 모바일 결제 서비스 시장에 난선 어떤 IT 기업보다 많은 결제 건수를 올렸다.

위치 정보를 통해 이를 인식해 주문과 결제가 가능하도록 한 것. 2014년 10월 애플페이가 공개될 때 첫 번째 파트너 업체 리스트에 스타벅스가 포함된 것은 이들이 IT를 어떤 태도로 대하는지 엿볼 수 있는 대목이다. 스타벅스는 애플페이 이전에도 페이팔을 비롯한 모바일 결제를 지원해왔다. 온라인과 오프라인을 연결하는 O2O 서비스인 사이렌 오더Siren Order는 2014년 5월 한국 매장에서 먼저 시작해 미국 매장으로 확산시켰다.

사이렌 오더가 뭐냐고? 매장 직원을 통하지 않고 스타벅스 앱을 통해 무선 주문 및 결제까지 할 수 있는 서비스다. 1분이 아까운 출근길 지하철, 회사로 가는 길에 커피 한 잔을 테이크아웃하고 싶다면? 내리기 한 정거장 전 쯤 앱을 켜고 커피를 주문해 놓는다. 지하철 출구를 빠져나오는 사이 커피가 준비되었다고 앱이 알려준다. 이제 매장에 들러 줄 서서 기다릴 필요 없이 커피를 받아 나오기만 하면 된다.

여기서 끝이 아니다. 스타벅스는 2015년 스포티파이Spotify와 손잡고 음악 스트리밍 서비스를 시작하는가 하면, 웹 기반 커피 머신 제작사 클로버Clover도 인수했다. 인터넷과 연결된 커피 머신 클로버는 클로버넷을 통해 고객의 취향에 맞는 데이터를 저장하고, 고객이 다른 매장을 가더라도 그 데이터를 기반으로 최적의 커피를 제공한다. 아울러 음료 만드는 재료의 유통기한과 냉장고, 온도 조절기 등도 클로버넷과 연결해 체계적인 관리 시스템을 운영한다.

배달업계의 우버라 불리는 포스트메이츠Postmates와 손을 잡고 뉴욕과 시애틀에서 배달 서비스도 시작했다. 우버가 2015년 9월 자사 서비스 APIApplication Program Interface*를 공개하자 스타벅스는 재빨리 앱에 우버 호출 버튼을 넣었다. 이 버튼을 누르면 우버 앱으로 연결되고 바로 차량을 부를 수 있다. 우버의 경쟁사인 리프트Lyft와도 파트너십을 맺고 스타벅스 포인트를 사용할 수 있도록 했다.

어떤가? 이래도 스타벅스를 단순히 커피 파는 회사로만 생각할 수 있을까? 스타벅스는 경영 관리에서부터 고객 서비스에 이르기까

※ 프로그램 또는 애플리케이션이 운영체제와 통신할 때 사용되는 함수 혹은 명령어 모음.

지 IT 기술을 가장 잘 활용하고 있는 기업 중 하나이다. 노트북을 들고 매장에 와 커피를 마시며 시간을 보내는 고객 입장에서 스타벅스는 커피숍을 넘어 문화 공간이자 휴식 공간이고 편리한 업무 환경을 제공하는 첨단 IT 사무실이기도 하다.

골드만삭스가 실리콘밸리에서 주주총회를 여는 이유

JP모건과 골드만삭스는 한결같이 스스로를 IT 기업이라고 주장한다. 그들을 금융기업이라고 알던 사람들은 이게 뭔 소리냐 싶겠지만, 그들 나름대로는 자기들이 IT 기업이라고 주장하는 이유가 명백하다. JP모건의 최고재무책임자CFO인 레이크 마리온Lake Marion은 2016년 2월 열린 투자설명회에서, 4만 명의 기술 인력이 일하고 매년 90억 달러의 IT 예산을 편성하고 있다는 이유를 들면서 JP모건은 IT 기업이라고 주장했다. 사실 이 정도면 웬만한 IT 회사의 인력이나 예산을 능가한다.

2015년에 골드만삭스 로이드 블랭크페인Lloyd Blankfein 회장 역시 골드만삭스가 IT 기업이라 선언했다. 골드만삭스는 심지어 정기 주주총회를 3년 연속 월스트리트가 아닌 실리콘밸리에서 개최했다. 골드만삭스는 2013년부터 실리콘밸리의 핀테크 스타트업에 집중 투자 중이다. 온라인 소매 금융 사업에도 진출했고, 다양한 핀테크 비즈니스를 시도한다. 골드만삭스는 켄쇼Kensho라는 인공지능 로봇이 로보어드바이저Robo-Advisor로서 기업 실적, 경제지표, 관련 업종 등을 분석해 투자자의 포트폴리오를 짜주고 투자자의 질문에도 답해준다. 로봇이 사람의 자산을 관리해주는 것이다. 국내에서도 로보어드바이저와 사람과의 수익률 대회가 심심찮게 이뤄지는데, 사람이 이긴 적이 없다. 로보어드바이저는 여전히 많은 진화가 필요하지만 이미 보편적 투자자 수준은 넘었다. 결국 은행에서 창구 직원들은 사라지지만 IT의 역할은 더 중요하고 커진다. 원래 골드만삭스는 지난 150년간 자산 1000만 달러 이상 부유층과 대기업만 상대하던 은행이었다. 골드만삭스가 IT를 적극 받아들인 것은 변화한 금융시장을 읽었기 때문이다. 더 이상 과거의 방식으로는 시장 변화에 대처하는 데 한계가 있음을 깨닫고 대변신을 추진한 것이다.

이것은 골드만삭스만이 아닌 모든 금융사에 필요한 변화이다. 안타깝지만 한국의 금융사들은 이런 안목이 부족하다. 여전히 IT나 핀테크는 조연에 불과하다. 당장 금융사 경영진 중에 IT 전문가의 비중이 미미하다. 업의 방향과 판이 바뀌는 상황인데, 여전히 과거에 짜인 판을 크게 바꾸지 못하고 있다. 최근 진웅섭 금융감독원장은 '핀테크가 급성장하고 있는 상황에서 그 리스크 관리를 경영진이 직접 챙겨야 한다'고 언급한 바 있다. 위기는 이미 이렇게 시작되고 있는 것이다.

2015년 8월 삼성페이 서비스가 시작된 이래, 신용카드사와 삼성페이 간 주도권 싸움이 생기기 시작했다. 물론 결론은 금방 내려졌다. 삼성페이가 삼성, 신한, KB국민, 롯데, NH농협, 현대, 하나, BC 등 국내 주요 카드사들과의 관계에서 주도권을 갖기 시작했다. 여러 카드사들이 삼성페이와 제휴를 맺고 은행들도 예외 없이 제휴 범위를 넓히고 있다. 삼성페이를 모바일 카드 발급 창구로 활용하는 카드사들까지 생겨났고, 삼성페이를 이용해 ATM에서 입출금도 가능해졌다. KB국민카드는 2016년 1월 카드업계 최초로 삼성페이와 연계된 모바일카드인 'KB국민 모바일101 카드'를 선보였다. 이는 스마트폰에 설치된 삼성페이 앱에서 새로 발급 신청할 수 있는 카드이다. 삼성페이가 카드사의 모바일 카드 발급 창구가 된 셈이다.

삼성페이는 근거리무선통신NFC 단말기뿐 아니라 마그네틱 보안전송MST 단말기까지 모두 지원하는 범용성이 장점인데, 한마디로 기존 모든 신용카드 단말기에서 쓸 수 있다. 플라스틱 카드 대신 삼성페이를 꺼내서 결제하는 이들이 늘고 있다. 결국 삼성페이가 신용카드사의 역할을 조금씩 흡수하고 있다.

갤럭시라는 모바일 디바이스를 기반으로 삼성페이가 시작되었듯, LG전자도 스마트폰 기반의 LG페이를 준비했다. 유통업계에는 신세계의 SSG페이를 비롯해, 롯데의 L페이, 현대백화점의 H월렛이, 통신업계에는 SKT의 T페이, 그리고 포털업계에는 네이버페이, 카카오페이가 있다.

페이 전쟁이라고 해도 과언이 아닐 이 싸움에서, 현재로써는 삼성페이와 네이버페이, 카카오페이가 앞서 있다. 국내 시장에서 압도적 점유율을 가진 갤럭시를 기반으로 한 삼성페이가 오프라인에서의 주도권을, 온라인 절대 강자인 네이버와 다음카카오의 네이버페이와 카카오페이가 온라인에서의 주도권을 가진 상태다. 물론 이들도 서로 상대 영역으로 확장하여 온오프라인의 통합 주도권을 쥐기 위해 치열하게 싸우는 중이다. 모바일 결제 시장을 두고 일대 회전이 벌어지고 있는 것이다.

그동안 결제시장은 금융사가 주도하던 시장이었다. 하지만 이제 그 주도권은 금융사로부터 IT 기업으로 넘어갔다고 해도 과언이 아니다. 대만의 시장조사 정보 업체 트렌드포스에 따르면, 전 세계 모바일 간편결제 시장 규모는 2015년 4500억 달러(약 558조 원)에서 2016년 6200억 달러(약 769조 원)로 37.8퍼센트 성장할 전망이다.

이것은 누가 만드는 약병입니까

브랜드 컨설팅사 인터브랜드가 선정하는 글로벌 Top 100 브랜드를 살펴보면 흥미로운 인사이트가 있다. 2015년 10월에 발표한 순위는 1위 애플을 필두로 구글, 코카콜라, 마이크로소프트, IBM, 토요타, 삼성, GE, 맥도날드, 아마존, BMW, 벤츠, 디즈니, 인텔, 시스코, 오라클, 나이키, HP, 혼다, 루이뷔통 순이다. 이들 상위 20개사는 전 세계에서 가장 막강한 브랜드이며 가장 장사를 잘하는 기업이고, 사람들이 가장 갈망하는 브랜드라고 할 수 있다. 과연 이 중에서

IT와 관련된 브랜드는 무엇일까? 코카콜라와 맥도날드를 빼곤 IT가 깊숙이 자리 잡지 않은 브랜드는 없다. 자동차건 패션이건 스포츠건 다 IT가 중요해졌다. 이제 IT를 모르고선 비즈니스도 못한다.

100위 안에 든 100개사를 다 봐도 마찬가지다. 거의 다 IT를 직접적인 상품과 서비스로 제공하는 기업들이거나, IT를 마케팅과 경영 전략에 적극 활용하는 기업들이다. 이제 IT는 별도의 하나의 산업이 아니라, 세상에 존재하는 모든 산업의 근간이자 각 산업을 관통하는 요소다. 산업 카테고리 차원에서 자동차, IT, 건설, 패션, 가구 등 우리가 알고 있는 대부분은 과거에 만들어진 산업 정의이며 구분이다. 이런 기준을 심지어 백 년도 넘게 사용해온 분야도 많다. 그동안 기술도 사람도 세상도 다 바뀌었는데, 과거의 산업 카테고리가 굳건하다는 건 넌센스다. 이미 경계가 사라졌다. 모든 산업이 IT를 적극 반영하면서 서로의 경계를 지워버렸다. 이제 전방위적인 경쟁 시대다. 동종 업계라는 개념이 무의미해졌다.

자동차 회사가 IT 회사와 싸우고, IT 회사와 스포츠 회사와 패션 회사와 시계 회사가 서로 싸운다. 가구 회사와 전자 회사가 서로 싸우고, 건설 회사가 IT 회사와도 싸운다. 경쟁사의 개념도 바뀌었다. 이러니 시장 점유율도 의미가 퇴색하고, 경쟁사를 제친다고 시장에서 이기는 것도 아닌 상황이 만들어졌다.

예를 들어보자. 글로우캡은 사물인터넷이 적용된 약병이다. 사회가 노령화하면 약을 먹는 노인도 그만큼 늘어난다. 노인들은 기억력이 감퇴해 약 먹을 시간을 놓치는 경우가 적지 않다. 글로우캡은 약을 복용해야 할 시간에 약병 뚜껑을 열지 않으면 알람을 울려준다. 설정을 해놓으면 심지어 문자도 보내고 전화를 걸어주기도 한다. 노령화 사회에 매우 긴요한 상품이다.

과연 이런 약병은 누가 만들어야 할까? 제약 회사가 만들까? 아니면 IT 회사가 만들까? 그도 아니면 락앤락 같은 생활용기 제조사? 이도 저도 아니면 제3의 스타트업이 만들까? 사실 누가 만들어도 상관없다. 언급된 회사 가운데 누구나 만들 수 있다. 이 제품은 생활용기이자 의료용품이며 전자기기이자 IT 제품인 동시에 고령화 시대에 수요가 높은 실버 상품이다.

앞으로 필요한 사업 접근은 이런 식이다. 어떤 분야건 IT를 응용

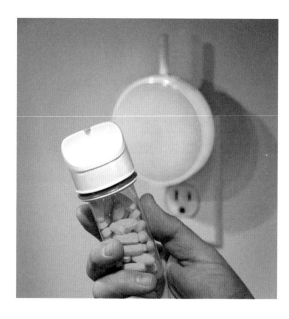

글로우캡은 약을 복용해야 할 시간에 약병 뚜껑을 열지 않으면 알람을 울려준다.

할 수만 있다면 비즈니스 기회는 얼마든 많다. 정보통신 기술이 인간 생활에 파급되는 추세를 깊이 파악하고, 산업과 업종에 대한 우리 머릿속 고정관념을 깨끗이 지우는 일부터 시작해야 한다.

버버리 CEO가
애플로 간 까닭은?

산업의 경계가 사라지면서 특정 분야별 시장점유율의 의미도 퇴색한다. 가구 회사와 가전 회사가 경쟁 관계가 되고, 자동차 회사와 IT 회사가 싸우기도 하고 협력하기도 한다. 패션 브랜드가 IT 중심으로 일하고, 금융, 의료, 교육, 미디어 등 과거에는 서로 분야가 달랐던 사업들이 같은 고객을 놓고 경쟁을 벌인다. 사람들 중에 영역을 넘나드는 르네상스맨, 멀티플레이어가 있다면 기업도 마찬가지다.

밀라노 가구박람회는 매년 4월에 열리는 세계 최고의 가구 박람회다. 2016년 밀라노 가구박람회에서 스웨덴 스톡홀름의 디자인 회사 사피엔스톤SapienStone이 선보인 스마트테이블은 가구와 가전의 경계를 넘나든다. 테이블 표면에 6밀리미터 두께의 세라믹 타일이 깔려 있는데 여기서 음식을 데우거나 음료를 차갑게 하는 등 다양한 조리가 가능하다. 이 테이블은 '냉각, 가열, 조리, 터치 센스, 충전' 등 다섯 개의 핵심 멀티 기능이 있어 냉장고, 가스레인지 등 별도의 가전 제품의 역할을 대신한다. 가구이면서 가전인 셈이다.

우리나라 기업 중 밀라노 가구박람회에 가장 열심히 참여하는 회사가 바로 삼성전자다. 삼성전자는 빌트인 시장을 겨냥하여 가구와 가전의 경계가 사라진 제품을 만들고 있다. 삼성전자가 2015년 유럽에서 먼저 선보이고 2016년에 한국에서도 출시한 세리프 TV는 세계적인 가구 디자이너 로낭·에르완 부룰렉Ronan & Erwan Bouroullec 형제가 이끄는 부룰렉 스튜디오가 디자인한 제품이다. 비트라Vitra, 아르텍Artek, 알레시Alessi 등 세계적인 가구 및 제품 디자인 선도 기업들과 협업해온 부룰렉 스튜디오가 처음으로 IT 기업과 협업한 사례이기도 하다. 삼성전자 웹사이트의 제품 카테고리에서도 세리프 TV는 심지어 TV 카테고리에 있는 게 아니라, TV / AV / 세리프 TV로 아예 별도 카테고리에 있다. TV는 TV인데 그냥 TV는 아닌 셈이다. 그래서 화질이나 기능보다는 가구로서의 속성과 스타일을 강조한다. 이 제품은 삼성디지털프라자에서 팔지도 않고 고급 가구점과 온라인 전용 매장에서만 판다.

2014년 안젤라 아렌츠Angela Ahrendts를 애플이 소매·온라인 사업 담당 부사장으로 영입해 갔다. 아렌츠는 버버리의 CEO를 맡아 매출을 2배, 영업이익은 5배 증가시켰다. 그녀의 연봉은 1690만 파운드(약 280억 원)로, 영국 CEO 중 가장 높은 수준이었다. 그랬던 그녀가 애플에 합류하려고 버버리를 떠났다. 패션과 IT는 이렇게 서로 경계를 무너뜨리고 있다.

애플이 세계적인 패션 브랜드의 경영자를 영입한 케이스는 이 밖에도 많다. 2013년 스페셜 프로젝트의 부사장으로 입생로랑의 CEO

가전 매장에서 팔지 않는 TV

삼성전자의 세리프 TV는 삼성디지털프라자에서 팔지 않는다.
고급 가구점과 온라인 전용매장에서만 판다.
산업의 경계가 사라져간다.

였던 폴 드네브Paul Deneve를 영입했다. 애플 CEO 팀 쿡이 직접 영입한 것으로 알려졌는데, 폴 드네브는 프랑스 패션 브랜드 랑방의 사장을 지내기도 했다. 2014년에는 스위스 명품 시계 태그호이어Tag Heuer의 글로벌 세일즈·리테일 담당 부사장 패트릭 프루니오Patrick Pruniaux를 영입했다. 애플이 스마트워치를 만드는 것도 이런 행보와 연관되지만, 무엇보다 IT 디바이스가 소비자에게 다가가는 측면에서 패션 상품과 다르지 않다는 의미이기도 하다. IT 브랜드와 패션 브랜드를 서로 다른 영역으로 구분 지을 필요가 사라진 것이다.

영국 브랜드 올세인츠ALLSaints는 2012년 버버리의 디지털 전략 담당 수석부사장이던 윌리엄 김Willian Kim을 CEO로 영입했다. 이는 올세인츠가 디지털 전략을 얼마나 중요하게 여기는지 알 수 있는 대목이다. 패션이건 유통이건 이제 디지털 전략에서 탁월한 기업들이 가치를 발휘하는 시대다. 올세인츠는 전 세계 매장과 물류 및 고객을 하나로 연결하는 실시간 물류 시스템과 결제 시스템을 구축했는데, 이 모든 작업이 외부의 소프트웨어를 이용하는 것이 아니다. 내부에 100여 명의 디지털 전문 인력을 보유하고 코딩부터 플랫폼까지 자체 제작하고 운영한다. 심지어 디지털 혁신의 아이디어를 얻기 위해 전 세계 다양한 프로그래머들을 초청해 IT 경진대회를 열기도 했고, 정기적으로 새로운 기술을 시도하는 스타트업들을 만나서 올세인츠에 필요한 기술을 받아들인다. 패션 기업 올세인츠에게 IT는 조연이 아닌 주연이다.

마켓셰어에서
라이프셰어로

이제 기업들은 동종 업계의 경쟁사와 싸우는 것이 아니라 광의의 소비자 시장을 놓고 모든 업계의 기업들과 싸운다. 상대평가가 아닌 절대평가의 시대이다. 경쟁사의 범위가 확장되면서 전방위 경쟁 구도가 만들어졌다. 마켓셰어market share, 즉 시장점유율을 따지는 시대는 끝나고 이제 라이프셰어life share 시대다. 한동안 타임셰어time share가 주창되며 소비자의 24시간을 어떻게 점유할 것인가를 노렸지만, 결국은 소비자의 일상 동선과 라이프스타일 전체를 어떻게 점유하고 활용할 것인가로 비즈니스 세계의 화두가 모이면서 라이프셰어가 핵심이 되었다.

마켓셰어를 따지던 시대에는 동종 업계와의 경쟁 구도만 신경 썼다. 현대자동차는 기아자동차나 대우자동차보다 품질이 좋은 차를 만들면 승승장구할 수 있었다. 하지만 이제는 동종은 물론이고 이종, 심지어 전혀 예상치도 못했던 분야의 업체들과도 경쟁하게 된다. 자동차업계가 우버나 구글과 싸워야 하는 시대가 열렸다. IT 분야가 플랫폼이란 화두를 꺼냈듯, 유통업계는 라이프셰어라는 화두를 꺼냈다. 그리고 둘 다 같은 목표를 지향한다. 누가 소비자 라이프스타일의 중심부를 차지할 것이며, 누가 고객의 소비 플랫폼 역할을 맡을 것인가의 싸움이 유통이든 IT든 모든 분야에서 치열하게 벌어지는 중이다.

이러한 경쟁은 누가 소비자의 취향을 제대로 파악하는가에서 출발한다. 이와 관련해 가장 중요한 것이 O2O와 사물인터넷, 그리고 빅데이터다. 소비자는 온라인 소비와 오프라인 소비를 나누지 않는다. 생활에 편리하면 그것이 온라인을 경유하든 오프라인을 통해 이루어지든 개의치 않는다. 그래서 온라인과 오프라인을 자연스럽게 연계하는 O2O 서비스가 중요해진다. 온오프라인을 망라한 모든 소비 활동에 사물인터넷이 결합하면 서비스의 편리함과 가치를 획기적으로 높일 수 있다.

기업 입장에서 더 중요한 것은 이를 통해 소비자의 수많은 정보를 수집 가능하다는 점이다. 한 사람의 하루 생활 동선에서 마주치는 사물이 얼마나 많은가. 그리고 여기에 기록된 모든 정보의 총합은 또 얼마나 거대한가. 상상을 초월하는 수준이 될 것이다. 인류가 땅을 파고 들어가 수억 년에 걸쳐 지구에 축적된 거대한 화석 연료를 채굴하여 산업혁명 시대를 열었다면, 이제는 지구 상 70억 인류가 소비하고 주고받는 정보를 집적한 빅데이터라는 무궁무진한 산업의 연료를 얻게 된다.

GE가 2020년까지 세계 10대 소프트웨어 회사가 되겠다는 비전을 공표한 것도 사물인터넷 때문이다. 제조업에 큰 기반을 가진 GE는 고객들의 생산성을 높이기 위해 '산업인터넷'을 핵심으로 삼았다. 제조업 환경이 혁신적으로 변화하는 지금이 GE로선 큰 기회다. 가령, 미국 사우스웨스트항공은 GE의 산업인터넷 소프트웨어를 활용해 최적의 비행 시간표를 산출하는데, 온도와 습도, 풍향, 풍속, 비행기 무게, 각 공항 상황 등 다양한 변수를 빅데이터로 활용한다. 그리고 이를 통해 연간 1억 달러 정도의 연료비 절감 효과를 거뒀다.

모든 기업들에게 사물인터넷과 빅데이터가 더 이상 선택이 아닌 필수로 여겨지고 있다. 알리바바가 중국 경제신문 디이차이징 지분 30퍼센트를 인수하고, 홍콩 일간지 사우스차이나모닝포스트를 인수한 것도 빅데이터 전략과 연관된다. 뉴스 소비 패턴 분석을 통해 고객 니즈를 사전에 파악하려는 것이다. 소비자들의 일상을 관찰하고 니즈를 분석하는 것은 모두 라이프셰어 시대의 주도권 경쟁이다.

우버가 택시나 렌터카와 비슷해 보이지만, 결정적인 차이점은 이용객의 데이터 분석이 가능하다는 점이다. 우버와 같은 차량 공유 서비스는 앱을 통해 작동되기 때문에 고객의 신상 정보를 파악할 수 있다. 대기업 부장 A가 매주 수요일 오전 7시에 우버를 이용해 소공동 L호텔을 찾는다면 정기적인 조찬 모임이나 비즈니스 미팅을 하고 있다는 뜻이다. 목요일과 금요일 저녁 차량 공유 서비스의 행선지가 경리단길보다 연남동이 많고 주 고객층이 이삼십대라면, 젊은 층 사이에서 이제 경리단길의 인기가 한물가고 연남동 상권이 뜨고 있음을 짐작 가능하다. 이러한 정보를 손에 쥐고 있는 이들은 이를 활용한 비즈니스 기회를 수백 가지도 떠올릴 수 있다.

나를 백화점이라
부르지 말아다오

2015년 8월, 현대백화점 판교점이 개점했는데 대대적 광고의 초점은 주로 먹을거리에 맞춰졌다. 700여 개 글로벌 브랜드가 입점한 백화점임을 내세우는 전략이었다. 뉴욕의 이탈리안 식료품점인 이딸리Eataly, 코펜하겐에서 시작된 주스 가게인 조앤더주스Joe & The Juice, 고급 마카롱인 피에르 에르메Pierre Herme 등을 비롯해 전 세계 핫플레이스의 각종 먹을거리를 가져왔다며 소비자를 유혹했다. 현대백화점 판교점이 성공적으로 안착한 데에는 최대 규모 식품관과 해외 식음료 브랜드의 공이 꽤 크다.

쇼루밍족이 확산된 시대, 국내 소비자들이 해외 직구로만 연간 2조 원을 쓰는 시대에 외국에 나가서나 맛볼 수 있던 음식을 제공한다는 것은 오프라인 백화점의 새로운 무기다. 일상의 작은 사치인 디저트와 음식을 내세워 소비자의 백화점 나들이를 부추기는 것이다. 아무리 온라인이 발달해도 현실에서의 먹는 즐거움과 미각까지 구현할 수는 없다. 백화점마다 고급 식품관을 꾸미고, 유명 카페나 레스토랑을 푸드코트에 유치하는 이유가 여기에 있다.

이런 추세에 더해 최근 백화점들은 명칭마저 버리고 있다. 판교점 오픈에 앞서 현대백화점은 CI를 리뉴얼하면서, 브랜드를 'The Hyundai'로 바꾸었다. 이제 백화점Department store이라는 말은 적어도 백화점 외벽에서 사라졌다. 백화점이 자신의 정체성과도 같은 명칭을 폐기한 것은 더 이상 많은 물건을 진열하고 보여준다는 것만으로 경쟁력을 확보할 수 없기 때문이다. 이는 삼성전자가 브랜드 마케팅을 할 때 더 이상 전자라는 말을 쓰지 않는 것과도 일맥상통한다. 삼성전자는 지난해 5월을 기점으로 SAMSUNG이라는 영문 글자로만 마케팅 브랜드를 쓴다. 전자라는 단어는 제조업에 고착된 이미지를 전달한다. 향후 전방위적 미래 사업을 지향하는 삼성전자로서는 회사의 공식 명칭까지는 바꾸지 않더라도 마케팅 브랜드를 우선 손본 것이다.

미국의 세계적 전자 전시회인 CES는 'Consumer Electronics Show'의 약어이다. 1967년부터 시작되어 전자와 IT 산업의 가장 중요한 전시회로 자리 잡았다. 그런데 2016년부터 CES를 주관하는 협회가 이름을 CEAConsumer Electronics Association에서 CTAConsumer Technology Association로 바꾸었다. 심지어 CES의 정식 명칭을 쓰지 말고 이니셜 약어만 사용해달라고 언론사들에 부탁하기도 했다. 가전이란 단어는 더 이상 소비자들이 이용하는 기술 전체를 포괄할 단어도 아닌 데다 낡은 이미지를 지니기 때문이다. 이미 CES 전시회에서는 가전제품보다 자동차나 로봇 등이 훨씬 비중 있게 다뤄지는 상황이다. 애플이 여전히 컴퓨터를 만들지만 2007년 회사명에서 컴퓨터라는 단어를 버린 것도 미래지향적으로 사업 영역을 확장하기 위해서였다. 구글이 알파벳이란 모회사를 만든 것도 구글이란 이름 아래에서 할 수 없던 방대한 사업들을 보다 효과적으로 펼치기 위해서다.

명품 브랜드 에르메스는 레스토랑도 운영한다. 뉴욕과 서울 청담동에 매장이 있다. 청담동 매장에는 에르메스뿐 아니라 디올의 카페도 있다. 이렇게 명품 브랜드 매장 건물 안에 자리 잡은 카페는 비싼 상품에 비해 상대적으로 저렴하게 만 원대로도 즐길 먹을거리를 판다. 구찌가 상하이에 레스토랑을 열고, 버버리는 런던에 카페를 열었다. 조르지오 아르마니도 밀라노나 칸 등지에 레스토랑과 카페를 열었다. 샤넬과 불가리, 던힐도 마찬가지다. 물론 카페와 레스토랑으로 수입을 조금 더 올리려는 목적이 아니다. 고객들이 매장에 경험과 체험을 사러 오도록 만들기 위해서다. O2O 시대에 오프라인 비즈니스가 내세울 최고의 무기는 경험과 취향이기 때문이다.

일주일에 단 한 종의 책만 파는 것으로 유명한 모리오카 서점은 경험과 취향을 서적 판매에 도입한 사례다. 일본 도쿄 긴자에 있는 이 서점은 가령 그 주에 선정된 책이 여행 서적이면 여행과 관련한 다양한 상품을 진열하고 책과 함께 판다. 서점 주인 요시유카 모리오카는 처음부터 '책방의 최소 단위 혁신 — 단 한 권의 책으로 된 서점'을 모토로 내걸었다. 덕분에 독자들은 온라인에서는 접하지 못하는 오프라인의 경험을 이 서점에서 얻는다. 이 서점의 취향에 빠진 독자는 모리오카 씨가 제안하는 연간 52권의 책을 기꺼이 살 소비자가 되는 셈이다.

일본 최대의 서점 브랜드인 츠타야의 다이칸야마 점은 책만 파는 게 아니다. 다이칸야마는 최근 편집숍과 감각적 제품을 많이 만날 수 있는 쇼핑 명소로도 떠오르고 있지만 도쿄에서도 유명한 고급 주

츠타야 서점 다이칸야마는 책이 아닌 라이프스타일을 판다.

택가이다. 서점은 이 지역의 성공한 여유로운 중장년을 타깃으로 그들이 좋아할 제품들을 함께 판다. 곳곳에 편안한 소파를 배치해 중장년층이 여유롭게 책을 읽을 수 있도록 배려했다. 전형적인 라이프셰어 비즈니스다.

서점이 책만 팔고 백화점이 물건 가짓수를 자랑하던 시대는 끝났다. 인지하지 못하는 사이, 동네 골목부터 도심 광장에 이르기까지 우리가 그동안 익숙해 있던 모든 업종의 정체성이 파괴적 혁신을 거치고 있다.

한국 기업과 대학에 닥친
갈라파고스 위기

영국의 생물학자 찰스 다윈은 1835년 비글호를 타고 중남미 동태평양의 갈라파고스 제도를 탐험했다. 19개의 섬으로 이루어진 갈라파고스 제도는 생물학계는 물론 과학계 전반과 인문사회학에까지 심대한 영감을 선사한 다윈의 진화론 수립에 커다란 영향을 주었다. 갈라파고스는 가장 가까운 대륙인 남미의 에콰도르로부터 1000킬로미터 떨어진 고립된 제도여서 다른 대륙에서 찾아볼 수 없는 많은 고유종을 보존하고 있었다. 고유종이 많다는 것은 진화가 더디다는 뜻이기도 하다. 이로부터, 고립되고 제한된 가운데 진화하지 못하며 우물 안 개구리로 남는다는 뜻에서 갈라파고스 신드롬 또는 갈라파고스 위기라는 용어도 생겨났다. 한국 기업과 대학들이 바로 이 갈라파고스 위기를 겪고 있다.

공정거래위원회 자료에 따르면, 2016년 4월 기준 총수가 있는 자산 5조 원 이상 대기업(재벌) 그룹 45곳 평균 계열사 수는 33.2개였다. 가장 계열사가 많은 곳은 93개인 롯데그룹이고, 삼성그룹 59개, 현대자동차그룹 51개, SK그룹 86개, LG그룹 67개다. 대기업 그룹 45곳의 총수 일가가 가진 지분은 평균 4.1퍼센트였다. 반면 계열사의 지분율은 54.9퍼센트였다. 10대 그룹의 경우 총수 일가가 가진 지분은 0.9퍼센트에 불과했다. 이렇게 낮은 지분율에도 총수 일가가 그룹을 지배할 수 있는 것은 계열사 지분 덕분이다.

이런 지배 구조 속에서 내부거래나 계열사 밀어주기가 갈수록 팽배하고 있다. 대기업이 골목 상권까지 쳐들어가는 형태는 미래의 먹을거리를 제대로 준비하지 못해서이기도 하고, 비대해진 그룹의 외형상 매출만 늘리려는 짧은 생각에서 나온 낯부끄러운 짓이다. 대기업이 내부거래와 밀어주기를 통해 땅 짚고 헤엄치기 식으로 돈을 버는 행위는 국내에서는 잘 통하는 구도이지만 미래 비즈니스 환경 변화와 산업 재편이라는 측면에서는 치명적 위험요소이다.

서로 얽힌 계열사들은 형님 먼저 아우 먼저 하면서 자신들끼리 시장을 독과점하는 재미에 빠져 있을지 모르나 이런 구조에서는 한 계열사의 위기가 그룹 전체로 도미노처럼 번질 우려가 다분하며, 오늘 당장의 안이한 수익에 몰두하느라 미래 신수종 사업에 전력해야 할 에너지가 분산된다. 게다가 이런 구조는 필연적으로 국내 중소기업과 스타트업 기반을 약화시킨다. 한국이 여러 지원책에도 불구하고 벤처 도전과 성공률이 낮은 것은 이러한 경제 환경과 무관하지 않다. 한국 기업들은 갈라파고스의 코끼리거북처럼 비대한 몸집을 자랑할 뿐, 숨 가쁜 진화의 대열에서 날이 갈수록 뒤처지는 심각한 상황에 빠져 있다.

영국의 대학평가기관 QS의 2015년 세계대학평가에서 싱가포르 국립대가 12위를 차지했다. 싱가포르 국립대는 베이징대, 도쿄대와 더불어 아시아 3대 명문대로 꼽힌다. 이 학교야 1905년 개교한 전통 명문이라 그렇다 치고, 심지어 1991년에 개교하여 역사가 30년도 안 된 싱가포르 난양대 역시 13위에 당당히 올라 있다. 싱가포르는 인구 540만 명의 도시국가로 우리나라 인구의 10분의 1 정도에 불과하지만 대학 교육에서는 훨씬 높은 경쟁력을 가졌다. QS의 2015년 세계대학평가에서 서울대는 36위, 카이스트는 43위, 포항공대는 87위다. 100위권 안에 들어간 국내 대학은 이 3개가 전부다.

하버드나 MIT 같은 세계적 명문대들이 온라인 공개강좌 무크MOOC, Massive Open Online Course에 적극적으로 뛰어들고, 강의실 없이 온라인 토론 수업을 하는 미래 대학 개념을 속속 시도하고 있다. 미국 고등교육 정책 전문가 케빈 캐리는 2015년 출간한 책 『대학의 미래』에서 20년 뒤 우리가 아는 대학은 존재하지 않을 거라고 예측했다. 미국의 대학들은 한국 대학에 비해 훨씬 적극적으로 미래를 준비한다. 이런 미국 대학들조차 세상의 변화 속도를 따라가지 못한다는 측면에서 그 미래를 부정적으로 보는 전문가들이 늘고 있다. 대학의 존재 이유가 바뀌고 교육 방식이 바뀌는데 대학이 바뀌지 않으면 결국 소멸한다.

한국의 대학은 어떤가? 미래 경쟁력이나 글로벌 경쟁력이 대단히 취약하다. 산업연계 교육활성화 선도대학 사업PRIME이 보여주듯이 국내에서 필요한 것에만 급급한 실정이다. 여전히 학계의 밥그릇 싸움도 많고, 연구 과제 나눠 먹기는 일상적이다. 인구 변화로 점점 대학 입학생이 줄어가니 대학 구조조정과 통폐합은 필수 수순이다.

국가 개념과 경계가 사라지고 입학과 졸업이라는 폐쇄적 환경이 사라져 온라인을 통한 교육 기회 확대가 다양하게 시도되는 시대에,

한국 대학은 갈라파고스 섬에 갇힌 듯하다.

소유의 종말이 만드는
새로운 라이프스타일

우버, 리프트, 디디추싱滴滴出行. 이들은 모두 차량 공유 분야 최고의 기업들이다. 우버는 2009년 설립 이후 2016년 상반기까지 구글로부터 2억 5000만 달러, 바이두로부터 12억 달러, 사우디아라비아 국부펀드로부터 35억 달러 등 100억 달러 이상을 투자받았다. 중국판 우버라고 불리는 디디추싱은 애플로부터 10억 달러, 중국인수보험으로부터 6억 달러 등 2016년 상반기까지 총 70억 달러를 유치했다. 2017년에 뉴욕 증시 상장 계획도 갖고 있다. 리프트는 GM으로부터 5억 달러, 라쿠텐으로부터 5억 3000만 달러를 비롯해, 알리바바 등의 투자를 받았다. 2016년 상반기 투자 유치액만 10억 달러이다. 리프트는 투자은행 퀴탈리스트와 제휴를 맺고 투자 유치와 함께 매각도 고려하고 있는데 GM이 유력 후보다. 이미 GM은 자율주행차를 리프트와 공동 개발하고 있기도 하다.

차량 공유 업체로 전 세계 자금이 몰려가는 건 자본이 먼저 시대의 변화를 감지했기 때문이다. 아직까지 우위를 점하고 있는 차량 개인 소유 시대는 1914년 동종 업계의 두 배에 달하는 파격적인 직원 임금을 지급하기로 결정한 자동차 왕 헨리 포드에 의해 열렸다.

'마이 카'로 상징되는 중산층의 꿈이 개인 차량 소유욕의 밑바탕이었다. 일부 논자들은 헨리 포드가 마르크스의 혁명론을 몰아냈다고도 평한다. 자가용 보급이 대중적으로 이뤄지면서 유럽과 미국에서 프롤레타리아 혁명의 불길이 급속도로 잦아들었다는 점에서 결코 우스갯소리만은 아니다. 그로부터 100년, 포디즘적 대량생산·대량소비 사회의 저변을 떠받쳐온 강력한 개인 소유 차량 시대가 막을 내릴 조짐이 도처에서 엿보인다.

공유경제와 자율주행 자동차라는 두 가지 요소는 차량 공유 시대를 재촉하는 산파라 할 수 있다. 사실 한 집에 한 대씩 자가용을 가지고 있지만 실제로 차가 운행되는 시간은 하루 중 불과 몇 퍼센트밖에 되지 않는다. 자가용에 대한 미련과 집착이 사라지고 차량 공유 서비스가 일반화되면 지금 인류가 보유하고 있는 자동차보다 훨씬 적은 수량만으로도 얼마든지 수요를 감당할 수 있다. 자동차업계는 당장 생산량 감소를 피할 수 없기에, 차량 공유를 통한 새로운 수익모델을 비롯하여 신사업 진출에 눈을 돌리지 않을 수 없다. 자동차 소유 방식이 달라지면 단지 자동차 회사뿐 아니라, 택시나 렌터카, 대중교통, 여행, 레저 등 다양한 영역에서 비즈니스 판도가 달라진다.

에어비앤비는 호텔을 대신하는 것이기도 하지만 집을 공유하는 방식이기도 하다. 공유경제는 차를 빌려주고 집을 빌려주고 옷도 빌려주며 우리가 일상에서 누리는 모든 것을 빌려 쓰고 공유하는 상황을 만들어낸다. 그렇다고 과거보다 덜 누리는 것도 아니다. 개인 소유가 아니지만, 공유를 통해 훨씬 더 많고 다양한 것을 한결 간편하게 누린다. 더 편하고 비용은 덜 드는데 누가 마다하겠는가?

말 그대로 소유의 종말이 다가온다. 공유의 시대는 소유의 시대와는 전혀 다른 발상을 요구하지 않겠는가.

내연기관이 사라지고, 자동차업계 판도가 바뀐다

기존 자동차업계는 진입장벽이 매우 높았다. 신생 기업이 출현하거나 시장에서 살아남기가 쉽지 않았다. 특히 내연기관 생산 능력이 중요한데, 오랜 기술 축적이 필요해 신생 기업이 함부로 도전장을 내밀지 못했다. 이런 이유로 수십 년간 자동차업계의 구도는 안정적이었다.

자동차 산업은 완성차 업체와 부품 업체로 구성된다. 2010년 독일 자동차 산업을 보면 생산에서 차지하는 비중은 완성차 업체가 22퍼센트, 부품 업체가 78퍼센트였다. 완성차 업체가 생산 비중이 더 작음에도 부품 업체보다 위에서 주도권을 가진 이유 또한 내연기관 생산을 쥐고 있기 때문이다. 그런데 전기차가 성장하고 디젤게이트를 비롯해 내연기관이 초래하는 환경 문제가 계속 제기되면서 슬슬 내연기관을 내려놓을 시점이 가시화하고 있다. 내연기관을 틀어쥐고 주도권을 행사하던 업체들에게는 심각한 위기가 아닐 수 없다.

기존 자동차 회사들이 전기차 산업에 적극적이지 않았던 것도 다 이유가 있다. 스스로가 내연기관을 내려놓을 시점을 앞당길 필요가 없었기 때문이다. 내연기관을 내려놓는 순간 IT 기업들이 순식간에 입지를 키워갈 것이고, 부품 업체도 힘을 더 얻을 것이며, 신생 기업의 도전이 거세질 것이다. 수십 년간 안정적이었던 자동차 산업의 판도가 뿌리부터 흔들려 '왕좌의 게임'이 벌어질 것이 불 보듯 뻔하니 기존 자동차 기업은 몸을 사렸다. 이 때문에 메이저 자동차 회사들이 점점 업계의 왕따가 되기도 한다. 구글이 전기자동차 생산을 위해 협력하는 기업은 독일의 보쉬와 컨티넨탈 AG, 미국의 델파이다. 모두 자동차 부품 업체들이다. 내연기관이 필요 없는 전기차이다 보니 굳이 완성차 업체와 손잡아야 할 이유가 없다. 구글에게 자동차 부품 업체들이 필요한 것처럼, 자동차 부품 업체들도 구글이 필요하다. 소프트웨어 전문성과 탁월한 IT 경쟁력은 부품 회사들로서도 절실한 사안이다.

소비자들도 바뀌고 있다. 미국 컨설팅회사 캡제미니Capgemini의 보고서 「CARS ONLINE 2015」에 따르면, 전통적인 자동차 제조업체가 아닌 구글이나 애플과 같은 IT 기업에서 자동차를 본격 생산한다면 살 용의가 있느냐는 질문에 전체의 49퍼센트가 긍정적으로 응답했다.(2015년 6월 미국, 중국 등 7개국 자동차 소비자 7,553명을 대상으로 실시한 온라인 설문조사 결과이다.) 긍정적 응답의 비율은 지역별로 인도(87%), 중국(74%), 브라질(63%)에서 그리고 연령대로는 18세에서 24세 사이의 젊은 층(65%)에서 더 높았다. 자동차를 한 번도 만들지 않은 IT 회사가 백 년간 자동차를 만든 회사의 입지를 순식간에 무너뜨릴 위협적인 존재가 되었다.

여러 정황은 자동차 시장의 향후 주도권을 기존 자동차업계가 아닌 다른 회사들이 가져갈 가능성을 시사한다. 물론 주도권을 계속 지키기 위한 치열한 대응도 지켜볼 부분이긴 하다. 바야흐로 자동차 판 적벽대전은 피할 수 없다. 삼국지 독자라면 익히 알고 있듯이, 위나라 조조의 대군은 수적으로는 압도적 우위였지만 적벽에서 손권, 유비의 오촉 동맹군에게 참패를 당했다. 오촉 동맹군은 육지전에 익숙한 조조의 군대를 강이 흐르는 적벽으로 끌어들여 지형과 기후를 적극 활용한 데다가 신의 한 수라 할 연환계까지 펼쳐 조조군의 손발을 꽁꽁 묶고 마음껏 유린했다. 과거의 방식에 익숙한 기존 자동차업계를 맞아 유연하고 미래 지향적인 구조를 지닌 테슬라나 애플, 구글이 눈부시게 펼칠 연환계가 벌써부터 흥미진진하다.

차세대 자동차 시장 주인공은 IT 기업

"자동차야말로 최고의 모바일 기기다."

이 말은 코드 콘퍼런스 2015에서 '애플이 현금으로 보유 중인 약 1780억 달러의 천문학적인 돈으로 무엇을 할 것인가?'라는 질문에 애플 최고운영책임자COO 제프 윌리엄스가 내놓은 답변이다. 제프 윌리엄스는 애플워치 개발을 총괄했고, 애플의 전기차이자 무인자율주행차 개발 계획인 타이탄 프로젝트 책임자다. 현재 애플 최고경영자 팀 쿡은 스티브 잡스가 CEO일 때 COO를 맡았었다. 제프 윌리엄스 또한 애플의 2인자이자 미래를 준비하는 위치라고 보면 그의 발언은 대단한 무게감을 지닌다.

애플은 2013~2015년 3년간 자동차 관련 연구개발 비용으로만 47억 달러를 썼다고 알려져 있다. 2004~2006년 3년간 아이폰 개발에 2억 달러를, 아이패드를 개발하던 2007~2009년에 6억 달러를, 애플워치를 개발하던 2010~2012년에 20억 달러를 쓴 것과 비교해 보면, 애플에서 자동차가 지금 어떤 위상을 가진 사업인지 짐작할 만하다. 애플은 2019년에 자체 제작 자동차를 생산한다는 계획이다. R&D에 더 막대한 돈을 투입할 거라는 얘기다.

애플은 2016년 4월, 테슬라의 자동차 엔지니어링 담당 부사장 크리스 포릿Chris Porritt과 핵심 인력 데이비드 마슈키위츠David Masiukiewicz를 영입했다. 2015년 8월에는 테슬라의 자율주행 프로그램 개발에 참여한 선임 엔지니어 제이미 칼슨Jamie Carlson을 영입했다. 애플이 타이탄 프로젝트를 추진하면서 벌어진 애플과 테슬라의 인재 영입 전쟁은 유명하다. 애플만 테슬라의 인재를 빼 오는 게 아니라, 테슬라도 애플의 인재를 지속적으로 빼 갔다. 테슬라의 고위 엔지니어링 임원 중 다수가 애플 출신이기도 하다.

인재 영입 전쟁은 다양하게 확장되는데, 2016년 5월에는 구글에서 전기자동차 충전 시스템 개발을 담당했던 커트 아델버거Kurt

메르세데스 벤츠가 선보인 자율주행 컨셉카 F015. 이제 자율주행 자동차는 모든 자동차 기업의 숙제다.

Adelberger를 영입했다. 애플의 자율주행차는 충전식 전기자동차가 될 가능성을 엿볼 수 있는 대목이다. 2015년 10월에는 엔비디아 Nvidia에서 딥러닝 디렉터를 맡았던 조너선 코헨Jonathan Cohen을 영입했다. 엔비디아의 자율주행용 인공지능 슈퍼컴퓨터인 드라이브PX2는 자동차에 설치된 카메라에 찍힌 이미지를 딥러닝 방법으로 분석한다.

구글은 2003년 우버에 2억 5000만 달러를 투자했다. 애플은 2016년 중국의 우버라고 불리는 디디추싱에 10억 달러를 투자했다. 스마트폰에서 격돌한 구글과 애플은 자율주행 자동차와 차량 공유 비즈니스에서도 격돌한다. 모건스탠리는 2030년에 차량 공유 서비스 등

'공유 모빌리티shared mobility' 시장 규모가 전 세계 2조 6000억 달러가 될 것으로 예상했다. 이 중 애플이 16퍼센트(4000억 달러)를 차지할 것으로 전망했는데, 이는 현재 스마트폰 시장에서 애플이 차지하는 비중이다. GM, 아우디 등도 차량 공유 기업에 투자했고, BMW, 벤츠 등도 차량 공유 사업을 벌인다.

그래픽카드 제조업체가
자동차 시장 강자로 떠오르다

엔비디아는 컴퓨터 부품 업체로, 특히 그래픽카드 제조사로 유명하다. 이제는 무인 자율주행 자동차 분야에서 주목받는 기업이다. 엔비디아는 자율주행 차량용 컴퓨팅 플랫폼인 '드라이브PX2'를 개발했는데, 자동차에 설치된 카메라에 찍힌 이미지를 딥러닝 방법으로 분석한다. 구글의 알파고와 같은 딥러닝 시스템을 채택해 학습을 통해 진화하는 드라이브PX2는 초당 최대 24조 회의 작업 처리능력을 가졌지만 크기는 도시락통 정도다. 이 드라이브PX2를 통해 72시간 만에 자동차가 기본 운전 스킬을 익혔다고 한다. 딥러닝의 속성상 진화의 속도는 점점 빨라질 것이다.

2017년에는 드라이브PX2를 기반으로 한 무인 포뮬러E 레이싱 대회, 즉 전기자동차 경주이자 자율주행자동차 경주 대회를 개최하기로 했다. 10개 팀이 출전해 엔비디아 드라이브PX2를 탑재하고 12대의 카메라와 고화질 지도, GPS, 레이더와 초음파 센서까지 장착한 채 한 시간 동안 고속 경주로 우승자를 가린다.

자율주행 자동차는 모든 자동차 기업의 숙제다. 인텔과 퀄컴, 텍사스 인스트루먼츠 등 컴퓨팅 하드웨어 업체와 전장 부품 분야에서 중요한 역할을 하는 이들 기업도 자율주행 시스템의 숙제를 풀어 자동차 전장 부품 시장에서 주도권을 가지려 한다. 독일의 자동차 부품 업체 보쉬나 미국의 델파이 같은 자동차 부품업계의 강자들도 이미 전기차와 무인 자율주행 자동차를 개발하고 있는데, 이는 결국 자동차 전자 부품 시장의 주도권을 갖기 위해서다. 구글과 애플 같은 IT 기업도 이 숙제를 풀어서 미래 자동차 시장에서 입지를 확보하려 한다. 벤츠나 BMW, 도요타 등 자동차 기업들은 선두를 빼앗기지 않으려고 안간힘을 쓰고 있다.

그런데 이 치열한 시장에 전혀 예상치도 못했던 그래픽카드 제조업체가 두각을 나타낸 것이다. 엔비디아가 미래 자동차 분야에서 키를 쥐게 되리라고 누가 상상했으랴. 과거만 보는 사람에겐 다가오는 미래가 늘 당혹스럽다. 사실 미래는 어느 날 문득 다가오는 것이 아니다. 그 싹은 오늘 현재에 이미 다 존재하고 있다. 그것을 볼 줄 아는 사람과 전혀 보지 못하는 사람이 있을 뿐이다.

애플, 구글, MS가
음성 비서에 빠지다

애플의 WWDC, 구글의 I/O, 마이크로소프트의 Build는 IT업계의 대표적인 개발자 대회다. 공히 업계 최고 기업들이 각사 사업 방향과 신기술을 제시하는 자리다. 2016년에 열린 세 개 대회 모두에서 드러난 공통적 화두가 있다. 바로 인공지능 음성 비서다. 쉽게 말하면, 영화 〈아이언맨〉에 나오는 자비스를 만들겠다는 것이다. 영화에서 아이언맨 슈트를 개발한 주인공 토니 스타크(아이언맨)는 키보드나 마우스 등으로 조작하지 않고 비서에게 지시하듯이 대화로 명령을 내리거나 허공에 홀로그램 화면을 띄워 마치 지휘라도 하듯 현란하게 컴퓨터를 구동한다. 이때 가동되는 시스템이 음성 비서이자 운영체제 나아가 주인공의 인공지능 집사 역할을 수행하는 자비스다. 자비스는 토니 스타크의 최첨단 저택을 빈틈없이 관리하고 아이언맨 수트 개발과 보강 작업에 참여할 뿐 아니라 독립적 인격을 갖추고 주인의 욱하는 성질을 빈정거리거나 다독이기도 한다.

인공지능에 대한 상상력을 자극하는 영화 한 편을 더 거론해보자. 인공지능이나 미래의 컴퓨팅 플랫폼에 관심 있는 이들이라면 영화 〈그녀HER〉를 놓쳐서는 안 된다. 이 영화는 인공지능 운영체제와 사용자 간의 정서적 교감, 특히 연애 감정과 섹스에 상상력의 초점을 맞춘다. 뭐 그렇다고 야한 영화를 기대하면 곤란하다. 가끔 에로

틱한 장면이 등장하지만…. 이 영화에서 인공지능 음성 비서인 여성 운영체제(그렇다. 운영체제에 성별이 부여된다. 게다가 목소리는 스칼렛 요한슨이다.)인 사만다는 자신의 주인이자 연인인 사용자가 업무상 작성한 편지들을 이메일함에서 자동 검색한 뒤 그 가치를 알아보고 내용에 따라 알맞게 체제를 구성하고 편집한 뒤 출판사에 보내 출판 가능 여부를 타진한다. 시키지도 않은 일이다. 사만다 덕분에 '남자사람 주인공'은 가만히 앉아서 책 저자가 된다. 알파고가 이세돌을 이긴 뒤, 인공지능이 창작한 소설에 관한 외신이 전해지기도 했다. 사람이 이미 써놓은 글을 편집하여 한 권의 책으로 묶는 일쯤은 인공지능 비서에겐 식은 죽 먹기다.

다시 현실의 음성 비서로 돌아오자. '구글 어시스턴트'는 구글의 머신러닝·AI 기술이 집약된 음성 비서 플랫폼으로, 스피커 형태인 구글홈으로 우리 일상에 가깝게 다가온다. 애플의 시리Siri는 아이폰에서 벗어나 맥북, 애플TV 등 다양한 디바이스에 적용된다. 이미 아마존에서도 '에코'라는 음성 비서 역할의 스피커를 출시해서 이 시장에 뛰어들었는데, 경쟁자는 많다. 시리를 개발했던 대그 키틀로스Dag kittlaus가 VIV를 창업해서 뛰어들었고, 페이스북도 뛰어들었다.

MS는 2016년부터 '플랫폼으로서의 대화conversations as a platform'를 화두로 내세우며 음성 비서 플랫폼인 코타나Cotana의 확장을 예고했다. MS는 2016년 6월 16일 iOS용 채팅앱 완드Wand를 만드는 완드랩스를 인수했다고 발표했는데, 개발팀 확보를 위해서다. 완드 서비스는 폐쇄되고 그 개발팀은 MS의 검색 엔진인 빙Bing의 엔지니어링 및 플랫폼 개발팀에 합류해 MS의 지능형 챗봇과 가상 비서를 개발하는 업무를 맡게 된다. 또한 MS는 6월 13일 사용자 수 4억 3300만 명인 링크드인을 262억 달러에 인수했다. 인수에 여러 이유가 있었지만, 장기적으로는 비즈니스 전문 소셜네트워크 서비스인 링크드인과 음성 비서를 결합하는 그림이 그려진다.

인공지능 음성 비서는 차세대 컴퓨팅 플랫폼이다. PC 초창기에는 MS-DOS가 그 역할을 했고, 윈도우와 맥이 PC에서, 안드로이드와 iOS가 모바일에서 그 역할을 하고 있다. 그다음 세대가 바로 인공지능이 들어간 플랫폼이다. 결국 이 시장의 주도권을 잡는 자가 차세대 모바일과 컴퓨팅의 주도권과 함께 막강한 비즈니스 기회를 차지한다. 지금 주요 IT 기업들이 그 시장을 두고 싸우고 있다. 컴퓨터나 스마트폰만이 아니라, 집안의 TV, 냉장고, 에어컨 등 모든 가전제품이나 침대, 식탁, 신발 등 일상의 모든 도구와 자동차가 서로 연결되는 시대의 주도권이 걸린 싸움이다. 사무실의 업무 환경과 일상 환경이 서로 연결된 가운데 복잡한 사용법도 필요치 않고 그냥 자연어 그대로 말하면 사용자 주위의 사물은 다 운용할 수 있는 시대를 만들고자 하는 것이다.

IT 기업들의 미래 시장을 두고 벌이는 이 전쟁에서 한국 기업은 명함도 내밀지 못하고 있다. 소프트웨어에서 경쟁력이 없기 때문이다. 하드웨어 제조 기술이 아무리 뛰어나도 소프트웨어 경쟁력을 갖추지 못하면 하청 기지 수준을 면할 수 없다. 그나마 다행은 2016년 10월 초 삼성전자가 VIV를 인수했다는 점이다. VIV 경영진이 삼성

아이언맨의 **인공지능 비서** '자비스'가 **현실화**된다

모두가 똑똑한 인공지능 비서를
하나씩 곁에 두고 뭐든 물어보면 답을 찾아준다.
이런 세상에서는 답을 아는 자가 아니라
질문을 던지는 자의 중요성이 대두된다.

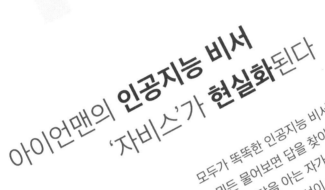

전자 무선사업부와 긴밀히 협력하면서 독자적으로 운영할 계획이라고 밝혔다. 스마트폰은 물론 가전 시장에서도 인공지능 음성 비서가 중요해지기 때문에 제조 기반이 강한 삼성전자로서는 일종의 방어 전략이기도 하다.

안드로이드를 개발하고 이를 구글에 판 뒤 10년 동안 구글에서 안드로이드 책임자로 일하고 로봇 사업도 총괄했던 앤디 루빈Andy Rubin이 구글에서 나와서 2015년에 플레이그라운드 글로벌을 창업했는데, 현재 플레이그라운드 소속 20여 개 스타트업들은 자율주행 자동차, 센서, 로봇 등 광범위하고 다양한 프로젝트를 비밀리에 진행 중이다. 앤디 루빈이 예상하는 차기 플랫폼도 인공지능 기반의 음성 비서에 가깝다. 인공지능 기반 플랫폼이 온라인을 장악하면, 이것과 오프라인과의 결합 지점에 무수한 비즈니스 기회가 생긴다. 기존의 컴퓨팅 플랫폼은 단지 디바이스 내에서 역할을 했다면, 이젠 그걸 넘어서서 현실과 디바이스, 가상과 오프라인을 공백 없이 연결한다.

영화의 자비스가 머지않아 현실이 된다. 우리 모두가 똑똑한 인공지능 비서를 하나씩 두고 뭐든 물어보면 답을 찾아준다. 이런 세상에서는 답을 아는 자가 아니라 질문을 던지는 자의 중요성이 대두된다. 누구나 박사 수십 명을 곁에 두고 있는 것이나 다름없는 환경에서 공부 열심히 하고 정답 잘 찾는 모범생이 무슨 소용인가? 호기심 많고 새로운 질문을 던질 줄 아는, 어린아이처럼 천진하고 과감한 도전자들의 시대가 머지않았다.

4차 산업혁명,
제조업의 위기 또는 기회

산업 4.0 혹은 4차 산업혁명은 제조업과 IT가 결합해 생산성과 경쟁력을 높인 차세대 산업 환경을 말한다. 과거에는 제조업과 IT 산업은 서로 별개였다. 하지만 IT가 낳은 산업인터넷, 인공지능, 로봇을 제조업이 받아들이면서 산업에 새로운 혁명적 진화가 일어나고 있다. 기존 제조업계로서는 IT화한 제조업을 통해 새로운 경쟁력을 갖출 기회이고, IT업계로서는 제조업과 협업을 하건 제조업을 고객사로 만들건 새로운 비즈니스를 확장할 기회다. 물론 이 기회를 먼저 장악한 기업들에 무수한 제조업체들이 밀려날 것이다.

아디다스는 2017년부터 독일의 제조공장에서 제품을 생산한다. 1993년 독일 공장을 철수하고 아시아를 비롯한 제3세계로 생산기지를 옮긴 지 24년 만에 다시 고향으로 귀환하는 것이다. 아디다스의 귀환은 로봇 덕분이다. 아시아 지역 등의 인건비가 급증해 제3세계 생산기지의 강점이 사라진 반면 로봇 기술의 발달로 자국에서도 인건비 걱정 없이 대량 생산이 가능해졌다. 아디다스는 2015년 말 독일 남부 바이에른 주에 사람 대신 로봇을 생산라인에 배치한 '스피드 팩토리'를 세웠다. 2017년에는 미국에도 자동화 공장을 설립해 연간 100만 켤레 이상의 신발을 생산한다는 계획이다.

아디다스 사례가 저임금 국가로 생산기지를 옮겼던 글로벌 기업들 전반의 경영 전략 변화로 이어질지 주목된다. 애플을 비롯한 세계적 기업들의 IT 기기를 조립하는 생산기지로 유명한 폭스콘이 지속적으로 로봇 생산설비 도입을 시도하고 있는 것도 같은 맥락이다. 더 이상 저렴한 인건비를 생산 거점의 장점으로 내세울 시대가 아님을 깨달은 것이다.

중국의 가전 대기업 메이디美的는 2016년 3월 일본 도시바 가전사업부를 4억 7300만 달러에 인수했다. 내수를 넘어 해외 시장 진출을 도모하면서 일본과 동남아에서 가전 사업을 확대하기 위함이다. 메이디는 GE의 가전사업부 인수도 노렸지만 하이얼에 빼앗겼다. 메이디는 샤오미와 함께 스마트 가전 시장에도 진출한 상태다. 메이디는 또 세계 산업용 로봇 1위 업체인 일본 야스카와전기安川電機의 중국 자회사인 야스카와차이나와 합자회사를 설립해 산업 및 서비스용 로봇 시장에도 진출했다. 아울러 메이디는 독일의 세계적인 로봇 업체 쿠카KUKA도 노렸다. 쿠카는 1989년 설립된 로봇 업체로 제조업 공정의 디지털화에 강점이 있으며, 독일 정부가 역점을 두고 추진 중인 산업4.0을 선도하는 대표 기업이기도 하다. 2015년 8월 쿠카 지분 5.4퍼센트 매수를 시작으로, 이후 13.5퍼센트의 지분을 확보해 2대 주주가 된 메이디는 2016년 6월 쿠카 인수를 공식화했는데, 최대 지분 49퍼센트를 목표로 하고 있다.

폭스콘의 모기업인 홍하이鴻海그룹은 샤프와 노키아를 차례로 인수하면서 스마트폰을 독자 브랜드로 생산할 환경을 구축했다. 홍하이는 테슬라와 손잡고 자동차 내부 장착용 터치스크린을 생산하고 있으며 일본 소프트뱅크, 중국 알리바바와 손잡고 로봇 사업도 손대고 있다. 중국, 대만 일대에서는 대규모 데이터센터를 짓고 클라우드 사업을 키우는 중이다. 클라우드, 전기차, 무인차, 사물인터넷 등 전방위적 공세에 적극 나선 홍하이그룹에게서 '공격은 최대의 방어'라는 결연한 자세가 엿보인다. 더 이상 과거의 제조업 기반만 가지고는 경쟁력을 유지할 수 없음을 인식하고 공격 경영으로 기회를 늘려가고 있는 것이다. 과거의 절대 강자도 지위가 흔들리는 반면, 가치사슬의 말단부에 존재하던 하청 제조업체가 가치사슬의 최정점에 올라설 수도 있는 시대이다.

정해진 체제, 질서, 신분을 동양 문화권에서는 운명, 숙명 등 명命이라는 글자로 풀이했다. 공고하게 굳어져 움직일 것 같지 않던 명도 바뀔革 때가 있으니 이것이 바로 혁명革命이다. 산업혁명은 산업계의 모든 질서가 뿌리부터 흔들리는 시기이다.

이런 혁명적 변화의 시기에 우리는 어떻게 살아남을 것인가? 더 나아가 이 카오스를 어떻게 최대의 기회로 만들 것인가?

04.

우리는 어떻게
살아남을 것인가

상식을 깨는 사람들

2014년 도쿄 디즈니랜드는 개장 30주년을 맞았다. 흥미롭게도 이해에 도쿄 디즈니랜드는 역대 최고 매출을 기록했다. 30주년이라 반짝 매출을 올린 것이 아니었다. 이런 흐름은 계속 이어져, 2015년에 또 최고 매출 기록을 경신했다. 일본은 고령화 추세가 우리나라보다 20년 이상 앞서간다. 출산율이 낮고, 고령화지수가 높은 나라에서 디즈니랜드 같은 놀이공원이 성황을 이루는 것은 놀라운 일이다. 놀이공원의 주 고객은 아동, 청소년이 아닌가?

실제로 도쿄 디즈니랜드는 한때 이용 고객이 줄면서 매출이 하락하는 위기를 겪었다. 회심의 반전 카드는 노인들을 타깃 고객으로 끌어온 것이었다. 나이가 들어 사회는 물론 가족 안에서 역할이 줄어드는 일상은 노인을 의기소침하게 만든다. 회사는 이런 노인 심리를 간파하고 손주들을 놀이공원에 데리고 가는 멋진 할아버지 할머니 상을 제시했다. 동시에 노인을 대상으로 큰 폭의 할인권을 뿌리기 시작했다. 자연스럽게 노인들 사이에서 놀이공원 나들이가 유행으로 자리 잡았고, 도쿄 디즈니랜드는 10대나 20대 위주에서 노인은 물론 삼사십대, 오십대 등 전 연령층이 즐기는 공간이 되었다. 고객층 다변화로 위기를 오히려 기회로 만든 것이다. 저출산 고령화는 기존 비즈니스의 위기이자 기회이다.

우리나라에도 좋은 사례가 있다. 한국민속촌은 1974년 개관 이래 수십 년 동안 변화가 별로 없는 곳이었다. 애초에 '야외 민속 박물관' 개념을 가지고 시작해 한국의 전통과 문화를 전시하는 방식이 세월이 흘러도 한결같았다. 예전에 민속촌을 찾아가보면 조선시대 분위기의 건물과 과거의 물건들이 볼거리의 전부였다. 한 번 가본 사람은 두 번 찾을 이유가 없고 나이든 관람객들만 있을 뿐 젊은 소비자들로부터 외면당해 머지않아 망할 기업 후보 1순위라고 해도 과언이 아닌 곳이었다. 하지만 민속촌의 현재는 놀랍게 바뀌었다. 연일 관람객으로 넘치는 데다가 20~40대가 전체 관람객의 80퍼센트를 넘어선다. 대체 무엇이 바뀐 것일까?

2000년부터 민속촌은 재미없고 고루한 박물관, 교육 등의 개념을 탈피하여 문화 체험이 가능한 복합 테마파크로 변신을 꾀했다. 이제 민속촌은 관람객과 조선시대 '사람'들을 만나게 해준다. 사람은 건물이나 전시물과 달리 관람객들과 어울려 놀 수 있다. 마치 타임머신을 타고 조선시대로 날아간 듯 양반, 사또, 포졸, 기생, 거지, 관상가, 상인 등이 사람들을 맞아주고, 다양한 역사 속 상황을 연출하여

한국민속촌에 가면 거지, 기생, 장사꾼 등 '조선시대' 사람들을 만날 수 있다. 민속촌의 캐릭터 아르바이트생 모집은 인기가 높아 많은 지원자가 몰린다.

상황극 속으로 사람들을 끌어들인다. 관람객들은 기녀 황진이 분장을 해볼 수도 있고 관상을 보거나 도화서 화원이 될 수도 있다. 장희빈 최후의 날처럼 사약을 먹고 죽는 코스프레를 하는 '사약 체험'은 커플들에게 단연 인기다. 애니메이션 캐릭터들이 눈앞에 등장해서 같이 놀아주고 어울리는 디즈니랜드의 콘셉트와도 유사하다. 박물관에 가깝던 민속촌이 몰입과 경험의 공간으로 변신한 것이다.

민속촌은 이런 변신을 SNS를 통해 적극적으로 퍼뜨렸고, 색다른 것을 찾는 젊은 세대에게 이런 변신은 성공적으로 통했다. 특히 500명을 모아서 민속촌의 넓은 공간에서 얼음땡 놀이를 하는 500얼음땡 행사는 20대들에게 인기 높은 축제가 되었다. 민속촌의 조선시대

캐릭터들과 어울려 놀기 위해 애써 시간과 돈을 들여 특징적인 코스프레를 하고 찾아오는 젊은 관람객들이 늘어나면서 이제는 관람객 자체가 또 하나의 볼거리가 되고 있다. 망할 기업 1순위였던 한국민속촌이 망하기 어려운 기업 후보 1순위가 된 것은 박물관을 테마파크로 바꾸어낸 과감한 혁신 덕이다. 과거의 관성을 과감히 깨고 새로운 공간, 새로운 콘텐츠로 진화한 것이다.

노르웨이 국영방송 NRK는 2009년 노르웨이 베르겐 철도 개통 100주년을 기념하기 위해 100년 전과 똑같이 7시간 20분이 걸리는 베르겐~오슬로 구간을 달리는 기차 안팎의 모습을 4대의 카메라로 찍어 편집 없이 그대로 방송했다. 별다른 에피소드도 없이 차창 밖 풍경과 덜컹거리는 기차 바퀴 소리만 들리고, 컴컴한 터널을 통과할 땐 그냥 컴컴한 채로, 기차가 역에 서면 그대로 멈추어 역사 모습을 비추는 화면을 담아내는 게 전부다. 놀랍게도 15퍼센트의 시청률을 기록했다. 2011년에는 무려 6박 7일간, 총 러닝타임 134시간의 생방송으로 약 3000킬로미터에 달하는 노르웨이 피오르를 따라 움직이는 유람선 항해를 방송했다. 유람선에서 바라본 해안 풍경이 생방송으로 계속 나갈 뿐인데 무려 320만 명이 시청했다고 한다. 노르웨이 인구가 총 500만 명인 걸 감안하면 엄청난 일이다.

이 방송은 그 후로도 양털을 깎고 그것을 실로 만들어 털실 옷을 뜨개질로 만드는 과정을 8시간 동안, 벽난로에서 장작이 불타는 모습을 12시간 동안, 알을 낳으려고 상류로 이동하는 연어의 모습을 18시간 동안 방송했고, 모두 높은 시청률을 기록했다. 편집하지 않

시청자는 늘 빠르고
자극적인 걸 원한다?

노르웨이 국영방송인 NRK는
노르웨이 베르겐 철도 개통 100주년을 기념해
7시간 20분이 걸리는 베르겐~오슬로 구간을
달리는 기차 안팎의 모습을 4대의 카메라로 찍어
편집 없이 그대로 방송했다.
놀랍게도 시청률 15%를 기록했다.

고 현실 그대로 느린 속도감 그 자체로 보여주는 방송에 많은 시청자가 열광했다는 건 주목할 만하다. 시청자는 늘 빠르고 자극적인 것을 추구하며 지루한 것을 참지 못한다는 통념을 시원하게 깬 것이다.

분야를 막론하고 과거의 관성과 상식은 계속 깨지고 있다. 결국 누가 먼저 틀을 깨느냐가 중요할 뿐이다. 스스로 깰 것인가, 아니면 남에 의해 깨질 것인가, 선택은 오롯이 자신의 몫이다.

삼성전자의 반성,
결별을 예고하다

삼성전자의 소프트웨어 개발 인력은 3만 2000명 정도다. 2만 3000명의 개발 인력을 둔 구글보다 월등히 많다. 하지만 개발 능력은 구글과 비교하면 어떤 수준일까? 삼성그룹 사내방송인 SBC가 2016년 6월 21일에 방영한 〈SBC 특별기획 삼성 소프트웨어 경쟁력 백서 1부 : 불편한 진실〉에 따르면, 삼성의 소프트웨어 인력을 대상으로 역량 테스트를 한 결과 인력의 절반 이상이 기초 수준 이하로 나타났고, 구글에서 필수적으로 보는 문제 해결 능력을 충족하는 인력은 전체의 6퍼센트 수준에 불과했다. 방송에 출연한 한 대학교수는 "지금 당장 문제 해결 평가 방식으로 구글 입사를 시도한다면 1~2퍼센트만 제외하고는 어렵지 않을까 생각한다."라고 의견을 피력했다. 이 방송은 삼성전자의 심각하고 통렬한 자기반성이다. 물론 이러한

진단은 결국 조직의 인력 변화와 구조조정을 예고한다.

삼성전자는 지난 10년간 실리콘밸리의 어떤 IT 기업에 견줘도 뒤지지 않을 만큼 소프트웨어에 투자하고 인력 보강에 힘을 기울였지만, 막상 들인 돈과 인력에 비해서 실질적 경쟁력은 취약하다. 한마디로 헛심 쓴 셈이다. 한국 IT 기업들이 하드웨어 경쟁력은 있지만 소프트웨어에서는 취약하다는 것은 어제오늘 얘기가 아니다. 십 년 전에도 똑같은 진단이 나왔지만 그사이 달라진 건 별로 없다. 이것은 소프트웨어를 바라보는 관점과 방향의 문제이기 때문이다. 소프트웨어 개발에서 중요한 것은 문제 해결 능력이며 이는 개발자의 창의력에 달렸다. 그런데 그간 우리 기업들은 창의력보다는 개발 스킬에만 집중했다. 근본 문제가 해결되지 않은 상태에서 단지 개발자 수의 우위를 경쟁력으로 내세워왔다. 삼성전자 사내 방송이 그동안 숨겨온 부끄러운 진실을 드러낸 것은 그만큼 강력한 변화 의지를 드러낸 것이기도 하다. 결별을 하려면 현실 인식부터 냉정해야 하기 때문이다.

시장조사기관 스트래티지 애널리틱스SA에 따르면, 2016년 1분기 세계 스마트폰 운영체제 시장에서 구글 안드로이드의 점유율은 판매량 기준 83.6퍼센트, 매출 기준 58.7퍼센트였다. 애플 iOS는 판매량 15.4퍼센트, 매출 40.7퍼센트. 안드로이드와 iOS를 합치면 판매량 점유율 99퍼센트, 매출 점유율 99.4퍼센트다. 한마디로 절대 지존이다. 삼성전자의 자체 OS인 타이젠은 같은 시기 판매량 0.2퍼센트, 매출 0.1퍼센트에 불과하다. 갤럭시로 막대한 매출을 거둬들이고, 세계 가전 시장과 반도체 시장의 강자인 삼성전자이지만 소프트웨어 경쟁력은 참담한 수준이다.

소프트웨어에서는 애플이나 구글을 필두로 한 미국의 IT 기업들이 독보적이다. 이들은 컴퓨팅 플랫폼과 운영체제를 비롯해, 인공지능, 사물인터넷 등 모든 면에서 주도권을 가졌다. 하드웨어에서는 중국 기업들이 만만치 않다. 아울러 중국 기업들은 소프트웨어 경쟁력도 높이고 있다. 미래 시장에서 소프트웨어의 입지를 확보하지 못한다면 하드웨어의 경쟁력도 사라진다. 자칫 한국은 미국 IT 기업들의 하청공장으로 전락할 수 있다. 이제 자동차도 IT이고 소프트웨어다. 아니 세상에 존재하는 모든 산업이 IT와 소프트웨어가 핵심이 된 시대다. 세계적인 전자 제조사이자 IT 기업, 세계적인 자동차 제조사가 한국에 있다. 하지만 여전히 이들은 하드웨어 경쟁력만 가지고 그 자리를 위태롭게 지키고 있다.

왜 '스타트업 삼성'을 선언했나

2016년 3월 삼성전자는 대표이사를 비롯해 임직원이 참석한 가운데 '스타트업Start Up 삼성 컬처 혁신' 선포식을 가졌다. 선포식 같은 형식 자체는 구태의연하나 대외적으로 삼성의 변화를 드러내기 위한 선언적 수단으로서 충분히 의의가 있다. 이재용 부회장이 참석하지는 않았지만 이재용의 '뉴 삼성' 선포로 보는 시각이 컸다. 방대한 조직 규모를 가진 삼성전자가 스타트업 기업과 같은 조직 문화를 갖겠다고 선언한 것은 의미가 적지 않다.

방대한 조직은 느리다. 많은 조직원을 거느리고 위계질서가 엄존하기 때문이다. 의사 결정 속도를 빠르게 하려면 조직을 수평화해야 한다. 삼성전자는 젊은 스타트업처럼 수평적이며 탈권위적인 조직 문화를 통해 비효율성을 제거하겠다는 것인데, 이것은 필히 조직 내의 수많은 부적응자를 양산한다. 사실 이런 조직 문화 혁신에 가장 적응하지 못하는 부류가 나이 많은 조직원들이다. 과거의 관성에 익숙하고, 수직적 문화 아래에서 십수 년 이상 일해온 이들은 직급과 나이, 서열이 사라진 환경이 낯설고 불편하다. 스타트업 조직 문화를 적용하면 적응 못 하고 가장 먼저 이탈할 가능성이 높다. 스타트업 삼성 선언은 결국 일석이조의 목적을 지닌다. 조직 문화 개선이 그 하나요, 자연스럽게 구조조정의 효과도 거두자는 것이다.

인력 재편은 늘 어려운 숙제다. 삼성전자는 사업의 판이 바뀌는 과도기를 맞고 있다. 새로운 사업을 준비하는 것만큼이나 그 사업에 적임자를 배치하는 일이 중요하고, 조직에서 쓰임새가 사라진 이들을 정리하는 것도 중요하다. 물론 이들을 새로운 사업에 맞게 재교육시켜 키워내는 것도 선택지 중 하나이긴 하다. 하지만 급속도로 변하는 산업 환경에서 과거의 인재를 미래의 인재로 단기간에 교육시킨다는 것은 현실적으로 불가능에 가깝다. 마치 상업고등학교, 공업고등학교의 인기가 떨어지자 인터넷고등학교, 디지털고등학교 등

얼핏 듣기에 첨단 냄새가 나게 이름은 바꿨지만, 막상 선생님은 그대로여서 과거에 상업 과목 가르치던 선생이 방학 중 단기 교육을 받고 돌아와 전자상거래와 인터넷 창업을 가르치는 식이다. 이것이 학생을 위한 방식일까? 이렇게 해서 미래 인재가 육성될까? 솔직히 말해 그냥 선생들 밥그릇을 유지하는 방편일 뿐이다.

기업은 복지를 위해 존재하는 게 아니고 직원만을 위해 존재하는 것도 아니다. 이 부분은 명확히 할 필요가 있다. 분명 국가는 국민을 위해 존재한다. 국민을 위해 국가와 정부가 필요한 것이지, 결코 그 반대일 수는 없다. 하지만 기업은 다르다. 직원은 회사의 주요한 축이고 이해관계자이지만, 기업의 이해관계자는 직원 외에도 경영진, 주주, 협력업체, 지역민과 지자체 등 다수가 존재한다.

이렇게 이야기하면 많은 사람들이 덮어놓고 눈살을 찌푸릴 것이다. 사용자 편만 드는 게 아니냐고. 나는 사용자 입장에 서서 이야기하는 것이 아니다.

로마의 통치자와 기득권화한 유대교 제사장들 아래에서 이중으로 핍박받는 이스라엘 백성들 앞에 젊은 예수가 출현하여 인기를 끌자, 그를 어떻게든 음해해 끌어내려야 할 종교 지도자들이 묘안을 짜냈다. 그들은 예수 면전에 로마 황제의 초상이 새겨진 주화 한 닢을 들이밀면서 물었다. 이 동전을 로마에 세금으로 바치는 게 옳으냐 하나님께 바치는 게 옳으냐고. 질문의 의도는 뻔했다. 하느님께 바쳐야 한다고 답하면 지상의 실질 권력인 로마의 통치에 도전하는 것이 되어 로마 관리들에게 반역죄로 처단당할 것이고, 로마에 바쳐야 한다고 답하면 메시아라는 자가 세속 권력에 굴복하고 하느님을 경배하지 않는다고 몰아세워 이스라엘 백성들 곁에서 추방하면 될 일이다. 어느 쪽 대답이든 예수는 독박을 쓸 수밖에 없는 상황. 그러나 유대교 제사장들의 얄팍한 셈을 간파한 예수는 한마디로 그 상황을 간단하게 물리친다.

"가이사의 것은 가이사에게로, 하느님의 것은 하느님에게로."

성과 속, 하느님의 세계와 세속의 통치 권력을 뒤섞지 말라는 것이다. 요즘 세상 돌아가는 이치로 바꿔 이야기하면 명분을 앞세워 현실을 구속하지 말며, 현실을 핑계로 이상과 명분을 저버리지 말라는 뜻일 것이다. 노동 유연성을 둘러싼 논쟁도 이러하다고 나는 생각한다.

수시로 격변하는 산업 재편 현장과 글로벌 경쟁 무대에서 유연성이 없는 고용은 경쟁력이 없다. 이것은 현실이고 기업이 당면한 상황이다. 한편 대한민국이라는 공동체에서 함께 살아가는 대다수 국민은 어느 노동자가 지금 당장 쓸모가 줄어들었다고 해서 아무런 사회적 완충망과 재기의 기회도 없이 바닥으로 추락하는 비정한 세상을 누구도 원하지 않는다. 이것은 우리의 꿈이자 이상이며 대한민국 공동체가 좀 더 살기 좋은 사회가 되기 위해 당연히 나아가야 할 목표이다. 그리고 이것은 정치와 정부가 해야 할 일이다. 예수의 말을 빌려 고용 문제를 표현하자면 이렇다.

"기업이 할 일은 기업이, 정부가 할 일은 정부가."

노동 안정성이 취약한 한국에서 노동 유연성만 선진국 수준으로 높이면 노동자들의 처지가 곤란해질 게 뻔하다. 그러나 해법은 노동 유연성을 제한하는 데 있지 않다. 기업 밖에서 정부는 노동 유연성 강화에 상응하는 사회 안정망을 만들고 복지 수준을 높여야 한다. 이를 위해 필요하다면 기업에 그동안 몰아줬던 수많은 특혜를 줄이고 세금을 더 걷어야 한다. 그런데 정부는 정작 자신이 할 일을 제대로 하지 않고 기업에 미룬다. 기업은 포탄이 빗발치는 비즈니스 전장에서 응당 가져야 할 노동 유연성을 높이자는 주장도 제대로 하지 못하고 눈치를 보거나 조직 문화 혁신 운운하며 슬쩍 묻어서 간다. 대한민국이 정부에서부터 기업 그리고 개인까지 얼마나 결별해야 할 것이 많은 나라인지 한꺼번에 보여주는 장면이 아닐 수 없다.

기업이 할 일과 정부가 할 일은 다르다. 기업은 글로벌 경쟁에서 온 힘을 다해 싸워서 이길 수 있도록 놔두고, 정부는 그 기업들에 특혜가 아닌 정당한 세금을 잘 걷어 냉혹한 경쟁 무대에서 밀려난 이들의 생계와 재취업을 위한 교육 훈련을 준비해주어야 한다. 기업은 경쟁력을 갖추기 위해 새로운 사업에 맞는 인력으로 계속 재편하고, 국내외 가릴 것 없이 최고의 스타트업들을 찾아 인수할 수 있어야 한다.

공채로 들어온 신입사원이 수십 년간 한 회사에 뿌리박고 안주할 수 있는 시대가 아니다. 오죽하면 한국의 대기업들이 신입사원 공채를 기업의 인력 수급 이전에 정부의 복지 사업을 대행하는 차원이라고 말하겠는가?

정기 공채는 기업 입장에서 그리 효율적인 방법이 아니다. 글로벌 기업들은 상시 수시 채용으로 필요한 인재들을 뽑는다. 자연히 신입보다는 경력자가 필요하다. 개별 인원을 뽑는 것보다 더 적극적인 것이 인수합병M&A이다. 새로운 사업에 맞는 유능한 스타트업을 사들여 그 인력을 흡수하는 것이다. 구글도 숱한 실패를 한다. 인수한 기업이 가치를 다하면 소멸시키기도 한다. 하지만 이런 과정이 기회 비용이자 투자다.

기업에서 정년의 의미도 공채의 의미도 사라지고, 연공서열이나 위계구조는 더더욱 의미가 없어졌다. 이제 우리 제발, 기업과 정부가 각자 할 일은 제대로 하지도 않으면서 노동 안정성이냐 유연성이냐 같은 흑백 논리 문답에 열 올리는 소모전은 그만하기로 하자.

살아남은 기업들의 비밀

기업의 평균수명이 자꾸 짧아지는 것은 그만큼 산업의 변화, 시장과 소비자의 진화가 빨라지기 때문이다. 새로운 흐름에 도태되면 그대로 소멸하는 것이 비즈니스다. 결국 시장과 소비자, 산업의 변화 속도에 기업이 따라가거나 앞서가야 한다.

오래 살아남은 기업들의 공통점은 말을 잘 갈아탄다는 것이다. 손에 쥔 것을 과감히 내려놓고 다음 목표에 도전하는 기업들이 늘 오래 살아남았다. 한때 전 세계에서 가장 잘나가는 기업이었던 코닥은 디지털 시대에 들어서며 필름 산업의 종말과 함께 무대 뒤로 사라졌다. 코닥은 디지털카메라를 가장 먼저 개발한 회사다. 디지털카메라 시장을 가장 먼저 주도할 기회가 있었고, IT 기업으로 전환해 생존을 모색할 기술력도 갖췄지만 그들은 과거에 연연하느라, 필름 시장 1위 기업이라는 안정과 익숙함, 편안함에서 결별하지 못하여 영영 역사 속으로 사라졌다.

항공기 엔진과 발전 설비 등 중장비급 하드웨어를 만들던 GE는 어느새 소프트웨어 회사가 되었다. 그들이 가진 금융과 가전을 팔고, 산업인터넷과 에너지 사업에 집중하고 있다. 특히 가전을 중국의 하이얼에게 팔았다. GE는 에디슨의 전구로부터 시작한 회사다. 그런 회사에서 가전이란 모태를 중국 기업에 과감히 팔아치운 건 비장한 결단이다. 미래에 생존하기 위해서다. 우리나라 기업들은 이런 결단을 잘 못 한다. 모태, 과거, 배경 따위를 쉽게 못 쳐낸다. 우리가 무엇으로 시작한 회사이고, 누가 우리의 뿌리인가를 따지다가 기회를 놓친다. 과거에 연연하다 보니 세습 경영이 자유롭고, 능력과 무관한 친인척을 개입시키고, 문어발처럼 얽히고설킨 내부거래도 당연시한다.

1802년에 창업한 미국의 듀퐁DuPont은 무려 214년이 넘은 장수 기업이다. 1990년대에 듀퐁은 정유, 화학섬유 기업으로 유명했다.

1992년 기준으로 따져보면 이 영역이 매출의 60퍼센트 이상이었다. 하지만 지금 듀퐁은 이들 사업을 더 이상 하지 않는다. 한마디로 다 팔고 정리했다. 지금 듀퐁은 종자와 농업 분야에서 유명한 회사다. 고기능 소재, 농업·영양 사업이 전체 매출의 70퍼센트에 이른다. 듀퐁은 창업 이래 수차례 말을 갈아탔다.

독일의 지멘스는 1847년에 창업했다. 시작은 철강회사였다. 하지만 그 후 원자력, 반도체, 휴대전화 등으로 크게 성장했다. 1990년대에는 이들 사업이 매출에서 압도적 비중을 차지했지만 2000년대에 들어서 모두 사라졌다. 대신 산업 솔루션, 에너지, 헬스케어, 도시 인프라를 4대 핵심 사업으로 삼기 시작했는데, 2011년 전체 매출에서 이들 사업 비중이 99퍼센트를 차지했다. 지멘스는 회사 차원에서 미래학을 연구한다. 말을 잘 갈아타기 위해 미래를 먼저 내다보려고 애쓰는 것이다. 말을 갈아탄다는 것은 변덕이 아니다. 익숙한 과거를 과감히 내려놓고 새로운 미래를 위해 도전하는 것이다.

순혈주의는 뜨거운 피를 냉각한다

나이 지긋한 이들은 예전에 학교에서 '우리는 자랑스러운 단군의 자손'이라는 얘기를 귀에 인이 박이다시피 들었을 것이다. 학교 교육은 '다민족 국가인 미국과 달리 한국은 단일민족으로 이뤄진 국가'라는 문장을 특히 강조했다. 그런데 다문화가족이 급증하면서 이제 단일민족 개념이 교과서에서 사라졌다. 세계인, 국제인, 범세계주의자라는 뜻의 코스모폴리탄이 계속 늘어난다. 이미 세계는 순혈주의를 오래전에 버렸다. 우리도 외국인에게 과거에 비해 크게 관대해졌고, 국제결혼과 혼혈에 대한 태도도 많이 바뀌었다.

하지만 여전히 순혈주의는 우리 사회 전반에 고루 녹아 있다. 혈연, 학연, 지연에서도 순혈주의가 강하다. 촌수를 따지고, 나이를 따지고, 서열과 학번을 따지는 건 모두 순혈주의의 산물이다. 이제껏 우리는 선후배를 철저하게 구분 짓고, 위아래가 섞이거나 뒤집히는 걸 용납하지 않았다. 기업 문화도 오랫동안 순혈주의에서 벗어나지 못했다.

펜실베이니아대 경영대학원(와튼스쿨) 석좌교수 라피 아밋Raffi Amit은 비즈니스 모델 혁신 전문가다. 2016년 5월 콘퍼런스 참석차 방한한 그는 중앙일보와의 인터뷰에서 한국 기업의 순혈주의 문제를 강하게 지적했다. 조직에서의 순혈주의는 나이와 직급에 따른 서열화가 강해서 의사 결정을 상사에게 미룬다. 아울러 다양성과 개방성도 취약하다. 한국 기업에 외국인 임직원이 영입되어도 의사 결정에 적극 참여하지 못한다. 조직의 순혈주의가 암묵적으로 유지되는 한국 대기업 문화, 공채 기수와 대학 선후배, 소위 말하는 라인과 인맥의 강고한 틀 속에서 외국인은 그냥 이방인에 불과하다.

신입사원 공채 제도는 순혈주의를 부추기는 주요 요인이다. 공채를 통해 만들어지는 기수 문화는 가뜩이나 혈연, 학연, 지연 등 인맥

구조에 민감한 한국인들에게 혁신과 변화의 속도를 더디게 하고 수평적 기업 문화를 가로막는 요인들 중 하나다.

2016년 전 세계 스마트폰 시장 점유율 10대 기업 중 중국 기업은 무려 7개다. 화웨이, 레노버, 샤오미, TCL, OPPO, BBK/VIVO, ZTE으로, 이 가운데 빅3라 할 수 있는 화웨이, 레노버, 샤오미의 조직 문화에 주목할 필요가 있다. 이들은 순혈주의가 없는 수평적 조직 문화를 보여준다.

화웨이는 'CEO 순환제'를 실시한다. 현재 3명의 부회장이 6개월씩 돌아가며 순환 CEO를 맡아 자신의 임기 동안 대표로 기업 운영과 위기관리를 책임진다. 화웨이는 또한 종업원지주제도ESOP, Employee Stock Ownership Program를 시행해 직원들이 경영에 간접적으로 참여할 수 있게 했다. 이에 따라 자연스레 기업에 대한 직원의 책임 의식도 강화됐다.

레노버 창업주 류촨즈柳傳志 회장은 더 잘하는 사람이 경영을 맡아야 한다는 지론을 내세워 자식이 아닌 양위안칭楊元慶에게 회사를 물려줬다. 양위안칭은 사원으로 입사해 탁월한 영업 수완으로 3년 만에 사업부장이 되고, 12년 만인 37세 때 CEO가 되고, 이후 경영권을 물려받아 회장이 되었다. 레노버 직원들은 사내에서 직급이 아닌 서로의 이름을 부른다. 레노버의 수평적 기업 문화를 단적으로 보여주는 예다. 실제 양위안칭 회장 겸 CEO도 사내에서 '사장님'이 아닌 'YY'라는 별칭으로 불린다. 레노버는 직급이나 나이가 아니라 철저히 개인의 능력으로 직원을 판단했으며, 이는 레노버가 글로벌 기업으로 도약하는 성장 동력이 됐다.

샤오미는 회의가 없는 것으로 유명하다. 임원회의, 부장회의 등 일반 회사처럼 직급별로 나뉘는 딱딱한 방식을 지양하고 자유롭게 소통하는 수평적이고 개방적인 분위기를 조성하겠다는 취지다. 샤오미의 창업주 레이쥔은 직원을 신뢰하고 충분한 권한을 줄수록 그들이 업무에 성실하게 임한다며 사람과 신뢰를 강조했다.

순혈주의, 집단주의 등 유교적 정서이자 중국을 비롯한 아시아의 정서라고 여겼던 것들을 이미 중국 기업들은 버렸다. 덕분에 그들은 미국 기업에 버금갈 혁신 기업을 쏟아내고 있다. 한국 기업들은 과거에는 과감한 도전자였고, 그 과정에서는 조직의 수직 문화와 집단적 몰입과 특유의 성실성이 성장에 기여했다. 하지만 그것은 과거 산업시대의 방식이지 지금에 와서는 더 이상 통하는 방식이 아니다. 가장 먼저 버려야 할 것이 바로 순혈주의와 서열화다. 이것은 미래 기업의 생존 조건이기도 하다.

통계청에 따르면, 한국에 체류하는 외국인이 2016년 3월 말 기준으로 194만 명이다. 최근엔 매년 20퍼센트 정도 증가세를 보이니 200만을 넘어 300만 명도 멀지 않았다. 실제로 통계에 잡힌 외국인 외에도, 불법체류자만 20만 명이 넘는 것으로 추산된다. 한국인과 결혼해서 아예 한국 국적을 취득한 이들까지 포함하면 숫자는 더 늘어난다. 200만 명만 해도 5000만 인구 중 4퍼센트에 해당한다. 이정도면 정치적으로도 충분히 영향력 있다. 대구광역시 인구가 250만 명이다. 대전광역시는 150만 명, 울산광역시는 120만 명 그리고 전라남도 전체 인구가 194만 명이다. 200만 명이란 건 엄청난 숫자다. 이미 필리핀 이민자인 이자스민이 새누리당 비례대표로 19대 국회의원을 지냈다. 앞으로 이민자 출신 국회의원이나 지방의회 의원이 더 많이 나올 것이다.

이런 현상을 못마땅하게 여기는 사람들도 꽤 많다. 외국인 때문에 일자리를 잃는다며 불만을 표출하거나 외국인이 한국의 정치에 관여하는 걸 용납할 수 없다는 이들도 꽤 있다. 그런데 아이러니하게도 이런 사람들이 정작 미국에 이민한 한국 교포가 거기서 시장이 되고 상원의원과 하원의원이 되면 괜히 뿌듯해하며 자랑스러워 한다. 심지어 한국에서 태어났지만 외국으로 입양 간, 엄밀히 말해 한

우리는 지금 전 세계 200여 국가에서 온 약 200만이 넘는 외국인과 더불어 살아가고 있다.

국에서 버려진 아이가 나중에 그 나라의 장관이 되거나 해서 방한하면 금의환향이라며 떠들썩하게 환영하기도 한다. 우리가 가진 전형적인 순혈주의가 드러나는 순간이다. 순혈주의는 외국인 차별과 혼혈 차별의 원인이 되기도 한다. 역사상 순혈주의에 가장 극단적 망상을 가졌던 이가 바로 히틀러이다. 아리안족의 순수 혈통만 지키겠다는 그가 저지른 만행에 견줄 바는 아니겠지만, 우리가 가진 맹신도 꽤 많은 차별과 불의를 만들어낸다.

한국은 인구가 줄어드는 나라다. 출산율이 낮아서다. 미래 한국의 인구 절벽을 걱정하는 이들이 많은데, 출산율을 높일 수 없다면 결국 외국인 유입을 늘려 인구를 유지해야 한다. 우리도 다민족 국가가 되는 것이다.

5월 19일은 세계인의 날이다. 우리 국민과 한국에 있는 외국인들이 서로 이해하고 더불어 살아가는 사회를 만들자는 취지로 2008년 제정한 법정기념일이다. 2016년 세계인의 날 기념식에서 김현웅 법무부 장관은 "우리는 전 세계 200여 국가에서 온 약 200만 명의 외국인과 함께하고 있습니다. … 외국인의 입국·체류·정착 등 전 과정을 아우르는 외국인 정책으로 믿음의 손길을 아끼지 않겠습니다." 라고 말했다. 외국인을 어떻게 잘 받아들이느냐는 모든 나라의 중요한 숙제가 되었다. 단일민족 국가로 세계 어느 나라보다 폐쇄적이고 순혈주의가 강한 한국이지만 이제는 태도를 바꾸지 않을 수 없다.

존댓말 쓰면서
상하 관계 없앨 수 있나

말은 높이지만 상대에 대한 배려나 존중이 없다면 그것은 좋은 언어일까? 한국인은 부모, 가족, 친인척, 상사 등 자신과 직접 연결된 사람을 대하는 예의는 중요하게 생각하지만 보편적인 인간에 대한 예의와 배려는 부족한 편이다. 나보다 나이가 많으면 무조건 존대하고 대접하면서, 타인을 평등하게 보고 서로 존중하는 미덕은 모자랄 때가 많다. 영미 문화권은 존댓말 자체가 없지만, 그들의 말에는 매너와 약자에 대한 배려가 깊게 배어 있다.

우리의 예절 교육은 윗사람과 아랫사람의 높낮이를 가르는 것에서부터 시작된다. 이런 태도가 나이를 중심으로 한 서열, 혈연, 지연, 학연 등의 강고한 카르텔을 만든다. 사람을 구분 짓는 태도는 인종 차별, 여성 차별, 장애인 차별 등 사회적 약자에 대한 차별로 이어진다. 분명 한국인은 전 세계에서 알아주는 이타적인 민족이다. 누가 무슨 재난을 당하면 자기 일처럼 나서는 사람들이다. 하지만 일상에서 발생하는 각종 차별은 이런 미덕을 무색하게 한다.

언어는 형식이 중요한 게 아니다. 영미권에서는 상대가 마음을 다칠 수 있는 말은 잘 하지 않는다. 칭찬과 격려 일색이다. 입에 침 바른 소리라고? 그들의 언어 속에는 언제나 상대에 대한 배려가 기본으로 깔려 있다. 우리는 귀에 거슬리는 말이 몸에 좋다며 거침없이 비판하고 칭찬에는 인색하다. 비판을 듣고 기분 좋을 사람 없고, 칭찬을 듣고 기분 나쁠 사람 없다. 특히 나이가 많거나 지위가 높으면 자신을 윗사람으로 여기고 상대를 아랫사람으로 취급하는 경우가 많다. 이런 태도에서 '꼰대'가 탄생한다.

동방예의지국이란 표현에 자부심을 갖는 사람들이 많다. 이 말은 2300년 전 중국에서 비롯했다. 공자의 7대손 공빈孔斌이 우리나라에 관한 이야기를 모아서 쓴 「동이열전東夷列傳」을 기원으로 보는데, 여기서 효심이 깊고 남녀가 유별하며 남의 나라를 침범하지 않는 우리나라 문화를 언급하며 동방예의지국이라 칭했다. 그런데 이 말에 숨겨진 의미를 가만 보면 중국의 유교를 잘 따르고 고분고분한 나라라는 속내를 내포하고 있다. 이는 8세기경 일본이 중국에 국가 대 국가로 동등한 외교 자세를 취하자 괘씸해하며 제재를 가하고, 공손한 태도를 보이자 '예의지국'이라는 표현을 쓴 것에서도 드러난다. 중국이 언급한 동방예의지국이 우리 생각처럼 좋은 의미만은 아니다.

실제로 우리의 존댓말 문화는 기본적으로 나이, 서열, 촌수, 직급과 직위 등 상하관계를 기반으로 한다. 위아래를 나누고, 윗사람은 아랫사람에게 하대를, 아랫사람은 윗사람에게 존대를 하는 식이다. 이는 학교선 학번, 군대에선 군번, 회사에선 기수, 친인척에선 촌수 등 먼저 들어오거나 먼저 태어나거나 단지 먼저라는 이유로 지위를 보장해주는 서열 문화에 굳건한 기반을 제공한다.

우리 사회는 꽤 오랫동안 소통을 외쳤고, 상생, 창조, 혁신 등을 화두로 삼았다. 하지만 이 모든 것이 구호로만 존재할 뿐 현실에서

계급장 떼고

존댓말

내려놓고

계급장 떼고 기탄없이 토론하자고?
말 자체로 상하가 구분되는데 무슨 평등한 토론?

잘 적용되지 못했다. 실패의 주요한 원인은 우리의 존댓말, 서열 문화와 무관하지 않다. 존댓말을 버리는 것은 기성세대나 나이가 많은 사람들이 가지는 권위에 주눅 들지 않음을 의미한다. 수평적이면서 상호 독립적인 관계를 위해서 위아래를 가르는 존댓말 문화에 대한 검토가 필요하다. 모두 존대를 하든, 모두 반말을 하든 해야 한다.

탈서열화, 탈권위는 우리의 숙제다. 산업사회에서는 위계 구조가 중요했기 때문에 존댓말도 경쟁력이 될 수 있었지만 창조적 첨단기술이 중요한 시대, 뉴 노멀 시대를 맞고 보니 오히려 존댓말이 걸림돌이 되고 있다. 흔히 계급장 떼고 격 없이 소신껏 주장하고 토론하자고 하지만 이미 말 자체에서 상하가 구분되는데 어떻게 평등하고 기탄없는 토론이 가능하겠는가.

평등한 말하기는 창조적 혁신 에너지이며 사회의 민주화에도 이바지한다. 인간에 대한 배려와 존중 없는 존댓말은 필요 없다. 서열화로 위아래를 가르는, 계급사회에서 유용했던 존댓말은 필요 없다. 산업화 시대의 일사불란한 조직화에 유용했던 존댓말 문화, 이제 내려놔도 된다.

굳이 친목을
도모하지 않습니다

고가 후미타케와 기시미 이치로가 쓴 『미움받을 용기』는 2014년 아마존 일본 종합 베스트셀러 1위였고, 2015년 한국에서도 선풍적인 인기를 끌었다. 이 책은 살면서 아무리 노력해도 10명 중 1명이 나를 좋아하고, 7명은 그저 그렇고, 2명은 나를 싫어할 수밖에 없으니 이를 그냥 받아들이는 용기가 필요하다는 내용을 담고 있다. 모두와 다 친구가 되고 적을 만들지 않으려 너무 애쓰지 말라는 얘기다.

인맥 강박증을 버리는 사람들을 주목하자. 한국인은 남에게 잘 보이고 인정받으려고 부단히도 애쓰며 산다. 특히 소셜네트워크에 남들이 좋아할 거라고 생각되는 이미지를 자기 모습인 양 드러내려고 애쓰면서 약간의 가면을 쓰고 살아가는 풍조가 더 확산되었다. 여기서 오는 스트레스가 임계를 넘어선 듯하다. 이제 이런 강박을 버리고 남이 아닌 자기 자신에게 더 집중하려는 이들이 늘고 있다.

이와 함께 느슨한 연대도 확산된다. 예전부터 동호회는 공통의 관심사로 모인 사람들이 취미도 공유하고 친목도 쌓는 모임이었다. 그런데 최근 친목 자체를 애초에 포기하는 동호회들이 등장했다. 서로의 개인 정보를 묻지도 않고 술자리도 없고 뒤풀이도 없다. 그냥 취미를 위해 모였다가 끝나면 바로 돌아가는 식이다. 그게 무슨 재미일까? 그럴 거면 뭐하러 동호회에 나가나? 이런 생각이 강하게 든다면 이 또한 당신이 기성세대라는 증거다. 사람이 모이면 친목부터 도모하고 보던 세대들에게는 친목도 교류도 없는 동호회는 이해 불가다. 그런데 젊은 세대는 다르다. 불필요한 인간관계를 쌓느라 스트레스를 받느니 깔끔하게 취미 자체에만 집중하는 동호회를 편하게 여긴다.

막상 동호회에 가보면 취미는 조연이고 친목이 주연이 되는 경우가 많았다. 친목 활동은 회원 간 친분과 애정도 만들어주지만 갈등 또한 불러일으킨다. 이삼십대의 합리성이 동호회 문화에서 새로운 흐름을 만들고 이것이 사십대까지도 이어지고 있다.

그동안 한국인은 모든 걸 다 인맥으로 풀려 했고, 모든 것이 다 대인관계로 귀결되었다. 대인관계의 홍수 속에 살다 보니 관계 갈등도 커졌다. 인위적인 *끈끈함*을 버리고 쿨하고 담백한 관계를 선호하는 현상은 우리 사회가 인맥과 관계성에 대한 집착으로로부터 결별하기 시작했다는 신호이다.

결혼 관계도
재정립하자는 움직임

졸혼, 새로운 결별의 화두다. 일본에서 먼저 이슈가 되었는데, 결혼 생활의 졸업이라는 뜻이다. 평균수명 증가로 혼인 기간이 길어지다 보니 둘 사이가 나쁘지 않아도 결혼을 졸업하고 각자 살아보자는 생각들이 늘어나고 있다. 기존 결혼 제도에 대한 결별이다. 과거에는 결혼에서의 결별은 이혼이었다. 졸혼은 새로운 결별 실험이라 할 수 있다. 이혼하지 않고 서로 따로 살며 자기 인생에 집중하자는 것이다. 졸혼으로 각자 살다가 다시 뭉쳐서 살기도 한다. 결혼 제도의 새로운 보완 장치가 될 가능성이 있다.

일본에서는 이혼식이 등장하기도 했다. 결혼식처럼 이혼도 정식으로 행사를 하고 끝내자는 취지이다. 실패가 아니라 새로운 출발의 의미로 받아들이기 위해 이혼을 축하하고 갈라서자는 것인데, 이혼 후 원수가 되는 이들에겐 불가능하겠지만 이혼하고서도 친구처럼 지낼 수 있는 사람들에겐 유용할 수 있는 발상이다. 특히 아이가 있는 채로 이혼하는 이들에겐 이혼 후의 관계도 중요하다.

이혼율은 전 세계적으로 계속 늘어난다. 결혼율은 계속 줄어든다. 이제 결혼과 이혼 모두 과거의 관성대로 바라볼 필요가 없는 세상이다. 과거와 결별하는 가장 큰 이유가 더 나은 미래를 위해서이듯, 이혼 역시 보다 나은 미래, 행복한 생활을 위한 선택지일 수 있다.

2014년 여름, 멕시코의 한 정당에서 2년제 혼인 제도를 제안해 화제가 되었다. 2년 단위로 결혼을 이어갈지 여부를 확인하여 갱신하고 만약 갱신하지 않으면 자동으로 이혼 처리되는 제도다. 원하면 계속 갱신해가면서 결혼 생활을 유지하고, 원하지 않으면 복잡한 이혼 절차 필요 없이 결혼이 종료된다. 얼핏 그럴듯하면서도 말도 안 되는 것 같기도 한데, 이런 제안이 나온 사회적 배경이 있다. 멕시코는 이혼율이 높은 나라여서 어차피 이혼율 낮추는 게 어렵다면 이혼에 따른 사회적 비용이라도 줄이자는 취지였다. 물론 통과되진 않았다. 하지만 언젠가 여러 나라에서 다시 관심 가질 수 있는 제도다. 2년이 너무 짧다면 기간을 늘려도 되고, 처음 결혼할 때 각자가 기간을 정해도 되겠다.

우리가 처음 겪는 노령화 사회이고, 인류가 결혼 제도를 만든 이래 남녀평등지수도 가장 높고, 경제력도 높아지고 혼자 살기도 너무 편한 세상이 되었다. 결혼이란 제도에 대한 보완 장치가 나오는 건 당연한 수순이다. 결혼에 대한 관점 자체가 송두리째 바뀌고 있는 것이다.

이들은 사악하고 괘씸한 직장인인가

2016년, 미국의 인터넷 커뮤니티 레딧Reddit에서 아이디 FiletOf-Fish1066를 쓰는 사용자의 글이 이슈가 된 적이 있다. 무려 6년간 출근해서 일은 전혀 하지 않고 놀기만 하다가 결국 회사에 들통 나서 해고되었다는 얘기다. 6년간 아무도 몰랐었다는 것도 놀라운 일인데, 그는 자기가 일했던 회사를 "incredibly well known tech company in the Bay Area"라고 표현했다. 샌프란시스코와 실리콘밸리를 아우르는 지역인 베이에는 구글, 애플, 페이스북, 트위터, 야후 등 아주 유명한 IT 기업들이 많이 있다. 적어도 이런 기업 중 하나일 가능성이 크다.

그의 업무는 다른 개발자들이 만든 프로그램을 테스트하는 일이었다. 그는 이 일을 자동화하는 프로그램을 짜서 컴퓨터에게 일을 맡긴 채 자신은 입사 8개월 후부터 아무 일도 하지 않았다. 사무실에서 온라인 게임을 하고 놀았지만 직장 내 친구가 없는 그에게 말을 거는 이도 없고, 그가 놀고 있다는 사실을 눈치챌 사람도 없었다. 이렇게 놀다 보니 프로그래머이면서도 프로그래밍하는 법을 잊어버렸다며 너스레를 떨기도 했다. 그가 재직 기간 동안 받은 평균 연봉은 무려 9만 5000달러였다. 재직 7년간 우리 돈으로 거의 8억 원 정도를 날로 먹은 셈이다. 아마 이 사람은 괘씸죄가 적용되어 다른 곳에도 취직하기 쉽지 않을 것이다.

사실 이 일화의 핵심은 한심하고 괘씸한 어느 직장인이 아니다. 그가 만든 자동화 프로그램의 완성도가 얼마나 높았는지는 모르지만 어쨌든 그는 꽤 오랫동안 남들만큼의 업무 성과를 올렸다. 즉, 사람이 하는 업무를 자동화 프로그램이 대체 가능하다면, 기업으로서는 인건비를 그만큼 줄일 수 있다는 얘기인 것이다.

2013년, 미국의 한 IT 회사에서 해야 할 업무를 중국에 있는 개발자에게 원격으로 아웃소싱시켜 놓고 자신은 사무실에서 하는 일 없이 놀기만 했던 개발자 사례도 있다. 연봉 10만 달러 수준인 40대 중반의 이 개발자는 중국 선양의 한 개발업체에게 자신이 회사에서 맡은 업무를 연봉의 5분의 1 수준의 비용으로 용역을 줬다. 그뿐 아니라 다른 회사에서도 일을 받아서 똑같은 방식으로 처리해서 연봉 외에도 연간 수십만 달러를 벌었다. 회사 밖에서도 회사 네트워크로 접속할 수 있는 시스템인 VPN^{Virtual Private Network}*을 이용한 덕분에 중국 선양의 개발자가 이 직원 대신 매일같이 회사 네트워크에 접속해 업무를 처리해놓은 것이다. 현대판 우렁각시가 따로 없다. 이 개발자도 이렇게 놀고먹으면서 레딧에 접속해 수다나 떨고 온라인 쇼핑이나 게임을 하며 시간을 죽였다.

여기서도 핵심은 괘씸한 직장인 얘기가 아니라, 원격 아웃소싱을 통해 미국 회사의 업무를 중국 개발자가 실시간 처리할 수 있다는 점이다. 즉, 아웃소싱을 통해 기업으로서는 인건비를 그만큼 줄일 수 있다.

이 두 사례는 직장인에게 그리 반가운 얘기는 아닐 것이다. 변화된 업무 환경과 디지털 환경을 교묘하게 악용한 이들은 그저 못된 직장인이 아니라, 일시적 과도기의 현상일 따름이다. 자동화 프로그램이나 로봇이 업무를 대체할 수 있고 전 세계 어디서든 네트워크로 더 싼 값에 원격 아웃소싱을 할 수 있다는 것은 그만큼 일자리의 안정성이 사라짐을 의미한다.

---

* 인터넷과 같은 공중망을 사설망처럼 사용할 수 있게끔 특수 통신체계와 암호화 기법을 제공하는 서비스로, 기업 본사와 지사 또는 지사 간에 전용망을 설치한 것과 같은 효과를 거둘 수 있으며, 기존 사설망에 비해 크게 저렴하다.

'9 to 6'를
버려라

대개의 직장인은 9시에 출근해 6시에 퇴근한다. 아침에 출근하고 저녁에 퇴근하는 일과는 아주 오래된, 그리고 익숙한 행태다. 직장인은 다들 그렇게 일한다. 하지만 앞으로도 그래야 할까?

토요타는 2016년 8월부터 재택근무를 확대했다. 본사 직원 7만 2000명 중 3분의 1 정도인 2만 5000명이 대상인데, 인사, 회계, 영업 등 사무직과 개발 관련 기술직이 포함된다. 1주일에 한 번만, 그것도 2시간만 출근하고 나머지는 집에서 근무할 수 있다. 영업직은 외근 후 회사로 복귀할 필요 없이 이메일이나 온라인으로 업무 내용을 보고하면 된다. 회사 밖에서 자유롭게 일할 수 있는 것은 IT 기술 진화 덕분이다. 컴퓨터로 업무를 보다 보니, 어디 있더라도 회사의 네트워크 시스템과 연결된다면 사무실에서 일하는 것과 다를 바 없다. 정보 유출을 막기 위한 보안을 강화하는 것은 숙제다.

일본 총무성에 따르면, 재택근무제를 도입한 일본 기업 비중이 2000년 말 2퍼센트에서 2014년 말 11.5퍼센트로 크게 늘었다. 재택근무 확대는 IT의 발달 때문만은 아니다. 고령화와 저출산도 주요한 원인이다. 세계 최고의 고령화 사회인 일본의 경우 노부모 봉양과 임신과 출산, 육아와 관련한 문제가 심각해 사회가 함께 해결책을 모색해야 할 수준이기 때문이다. 이건 남의 얘기가 아닌 우리나라의 애기기도 하다.

스웨덴에서는 6시간 근무제를 시행하는 기업들이 계속 늘고 있다. 스웨덴의 디지털미디어 제작회사인 '백그라운드 AB'는 2015년 9월부터 6시간 근무제를 시행했는데, 직원들은 오전 8시 30분에 출근해 오후 3시 30분이면 퇴근한다. 근무시간은 줄었지만 업무 집중도가 높아져서 업무 효율이 상승했다. 스웨덴에서 8시간 근무제를 6시간 근무제로 먼저 바꾼 것은 공공부문이었다. 2000년대 초부터 시행해 다시 8시간 근무제로 복귀한 곳들도 있지만 여전히 6시간을 고수하는 곳도 많다. 물론 아직은 법적으로 6시간 근무제가 정착된 것은 아니지만, 근무제에 대한 다양한 실험이 활발하다. 이것은 스웨덴이 복지 강국이어서가 아니다. 근무시간에 대한 좀 더 유연한 사고를 갖추었기 때문이다.

요즘 잘나가는 IT 기업은 거의 미국에 있다. (중국에도 꽤 있지만 미국식 기업 문화가 많이 녹아 있다.) 미국 기업들이 IT에서 두각을 드러낸 이유는 자율적이고 수평적인 조직 문화 때문이라 해도 과언이 아니다. 창조와 혁신은 그런 환경에서, 과감한 도전과 실패에 대한 두려움 없는 태도 위에서 만들어지기 때문이다. 구글의 '20퍼센트 룰'(근무시간 중 20퍼센트를 자신의 창조적 활동을 위해 쓴다)이나 3M의 '15퍼센트 룰'이 오래전부터 자리 잡았던 것에서 볼 수 있듯, 근무시간에 대한 유연성을 지니고 있었다. 뭐든 열심히만 하는 월화수목금금금 같은 한국식 성실성은 오히려 미래 기업들에게는 불필요한 걸림돌이 된다. 상습적 야근으로 피로하고 지친 심신에서 창조성이 나올 리

9 to 6를 버려라

아침부터 저녁까지
같은 시간에 모여 같은 공간에
일하던 시대는 끝났다.

만무하다.

근무시간이 길다고 업무 생산성과 효율성이 높아지는 건 결코 아니다. 그 반대일 수도 있다. 한국은 OECD 국가 중에서 최고의 노동시간을 자랑하지만, 생산성과 효율성에서는 늘 하위권을 다툰다. 결국 근무시간에 대한 근본적 태도 변화가 필요하다. 참고로, 독일 직장인의 연간 평균 노동시간이 1,371시간(2014년 기준)일 때 한국의 노동시간은 2,124시간이었다. 한국인에 비해 독일인의 노동시간은 3분의 2에 불과하지만, GDP는 독일이 한국보다 2.7배 정도 높다. 심지어 일 많이 하기로 세계적으로 유명했던, 한때 일벌레로 불리던 일본조차도 이제 연간 노동시간이 1,729시간에 불과하다. OECD 국가들의 연간 평균 노동시간은 1,770시간이다.

일에만 미친 듯이 몰입하던 시절은 끝났다. 일과 가정, 그리고 개인(자아)의 균형이 필요하다. 특히 창조와 혁신이 기업의 주요 경쟁력이 되는 시대에 더 이상 근무시간 길다고 득 볼 건 없다. 과거 산업화 시대의 유물을 붙잡고 있어 봐야 새로운 시대에 대한 적응만 더 어렵게 만든다. 노동시간이 아니라 효율성과 창조성으로 문제를 풀어야 할 시대이다. 이제 과감히 '나인 투 식스'를 버려도 된다.

미래 기업에게 가장 중요한 건 사람이다. 특히 IT 기업은 더더욱 그렇다. 기계가 하지 못하는, 사람만이 할 수 있는 역량을 어떤 기업이 더 많이 확보하느냐가 중요해진다. 결국 창조와 혁신에 능한 기업, 아니 창조와 혁신에 능한 직원이 많은 기업이 유리하다.

재택근무와 스마트워크, 모바일워크 등 새로운 근무 환경은 이제 선택이 아닌 필수가 될 것이다. 기업의 근무 환경이 바뀌면, 직원들이 일하는 방식에서의 변화도 요구된다. 그에 따라 1인 기업으로 진화하는 것을 목적으로 삼는 사람들도 늘어난다.

모두가 아침부터 저녁까지 같은 시간, 같은 공간에 모여 일하는 시대가 끝나간다. 불변이라고 여겨온 시공간에 대한 고정관념도 바뀌고 있는 것이다.

Part 3

언더 독의
기회

전통적 강자가 어쩌면 종이호랑이일 수 있다.
몇만 명의 임직원을 자랑하는 대기업이 어쩌면
제 몸무게도 못 이겨 신음하는 비만한 하마에
불과할 수도 있다. 지금 언더 독인 당신이 어쩌면
인당 몇천억 원의 가치를 지닌 존재일 수도 있다.
중요한 것은 이 모든 '어쩌면'을 '사실은'으로
변화시키는 것은 오직 언더 독인 그대의 도전에
달렸다는 것이다.
뉴 노멀 시대의 모든 언더 독이여
거침없이 도전하라.

05

격변은 기회다

없는 자가
불리하지 않은 시대

뉴 노멀 시대가 어떤 변화를 가져오는지 이해했다면, 이제 생존전략을 모색할 때다. 과연 우리는 뉴 노멀 시대에 어떻게 살아야 할까? 어떤 생존 전략이 필요할까? 전략의 키워드는 언더 독Under dog이다. 그동안 있는 자와 없는 자의 싸움에서는 늘 없는 자가 불리했다. 하지만 뉴 노멀은 이 구도마저 바꿔놓았다.

언더 독은 스포츠에서 우승이나 승리 가능성이 낮은 팀이나 선수, 즉 약자를 지칭하는 말이다. 생존 경쟁에서의 패배자, 낙오자, 사회적 부정이나 박해에 의한 희생자를 뜻하기도 한다. 요즘 한국에서 유행어처럼 번지는 헬조선이나 흙수저라는 말과도 상통한다. 연령대와 무관한 말이지만 현실상 한국 사회에서는 이삼십대가 특히 언더 독에 해당된다.

언더 독의 반대말로 지배계급의 일원을 뜻하는 오버 독Over dog, 승자나 우세한 쪽을 의미하는 탑 독Top dog 등이 있다. 개에 빗대서 승자와 패자를 가리는 말이 생긴 것은 투견장에서 싸움에 지는 개가 아래에 깔리는 데에서 유래했다는 설과 함께 사냥개 훈련에서 유래했다는 설도 있다. 곰을 제압하는 사냥개를 훈련시킬 때 강한 개는 곰의 머리를, 약한 개는 곰의 하체를 공격하도록 훈련한다고 한다. 당연히 하체를 공격하는 언더 독이 죽을 확률이 더 높다. 언더 독의 희생을 바탕으로 탑 독이 곰을 제압하는 셈이다. 사냥개나 사람 세상이나 강자들은 늘 더 주목받는 위치에서 더 유리하게 살아간다. 약자는 기본적으로 보다 많은 희생을 강요받는다. 언더 독은 언제나 불리했다. 그런데 이젠 아닐 수도 있다.

정말 없는 자가 이길 수 있을까? 역사상 어느 시점이든 가진 자는 항상 절대적으로 유리한 위치를 점했다. 없는 자에게 유리한 세상은 한 번도 없었다. 이는 뉴 노멀 시대라고 다르지 않다. 다만 달라진 점은 있다. 이제는, 유리하지는 않을지언정 불리할 것도 없다. 이것은 작지 않은 변화다. 뉴 노멀 이전에는 불리한 것은 물론이고 기회조차 주어지지 않았다. 하지만 지금은 기회만큼은 언더 독에게도 풍부하다.

과거에는 체급과 레벨에 따라 경쟁 무대가 달랐다. 동네 상권은 동네 상권끼리 경쟁했고 수출과 국제무대에 나갈 수 있는 것은 정부의 지원을 등에 업은 대기업뿐이었다. 그러나 지금은 체급, 자격, 관록, 경험, 자본의 과다와 상관없이 모두가 연결된 무대에서 새로운 비즈니스의 기회를 두고 대결을 벌인다. 그동안은 언더 독은 이 싸움에 끼지도 못하거나 변방에만 머무른 경우가 대부분이었다. 하지만 이젠 손에 쥔 것이 없는 사람들도 이 경쟁의 한복판에 얼마든지 뛰어들 수 있다. 그것만으로도 언더 독에겐 엄청난 기회요 변화다. 우리는 역사상 처음으로 없는 자가 불리하지 않은 시대를 맞고 있다.

신인이 베테랑을 때려눕히다

스타트업은 기업 세계에서 신인이다. 하지만 신인이 100년 이상 살아남은 업계 베테랑을 순식간에 제치는 일이 비일비재하다. 포천의 2016년 유니콘 기업(기업가치 10억 달러 이상으로 성장한 스타트업) 리스트에서 1위를 차지한 우버의 기업가치는 620억 달러다. 우버가 창립된 것은 2009년 3월이고 실질적 서비스는 2010년부터 시작했다. 서비스 개시 후 불과 5년 만에 620억 달러짜리 기업이 된 것이다. 우버의 임직원 수는 3500명 정도이다. 1903년에 설립한 포드 자동차는 직원이 18만 명에 이르지만 시가총액은 우버보다 적은 522억 달러이다. 현재 우버보다 시가총액이 높은 자동차 회사는 토요타, 다임러 벤츠, 폭스바겐뿐이다.

전 세계 자동차 회사 중 기업가치 1위는 토요타, 렉서스가 포함된 도요타 자동차 그룹으로, 시가총액은 19조 엔(1745억 달러)이다. 2012 ~2015년 4년 연속 생산과 판매 대수에서 세계 1위를 차지했고, 2014년과 2015년에는 세계 자동차 기업 최초로 2년 연속 연간 1000만 대 판매를 기록했다. 그 뒤로 폭스바겐과 아우디 등이 포함된 폭스바겐 자동차 그룹이 시가총액 670억 유로(750억 달러)이고, 벤츠가 포함된 다임러 자동차 그룹의 시가총액이 635억 유로(710억 달러)이다. 참고로 현대자동차는 300억 달러, 기아자동차는 160억 달러. 우버를 팔면 현대차와 기아차를 다 살 수 있다는 얘기다.

전 세계 무수히 많은 자동차 회사 중 5년 된 스타트업 우버보다 비싼 기업이 점점 줄고 있다. 폭스바겐이나 다임러도 장담할 수 없다. 어디 우버뿐인가, 구글과 애플처럼 자동차를 만드는 IT 기업들이 점점 자동차 분야에서 입지를 다져가면 백 년 전통의 자동차 기업들을 추월하는 것은 시간문제다. 테슬라의 약진도 거침없다. 테슬라 모델 3는 온라인 주문으로 한 달 만에 40만 대 가까이 예약을 받았다. 당장 차를 주는 것도 아니고 2017년 하반기와 2018년 상반기에 인도된다. 프로토타입만 만들어놓은 차를 20분짜리 동영상으로 소개하며 온라인에서 주문받아 파는 것인데도 말이다. 2015년 한 해 테슬라가 판 자동차는 5만 대에 불과했다. 전기차 수요가 급증한 셈인데, 이는 피처폰에서 스마트폰으로 넘어가던 시점에서 아이폰이 보여준 폭발적 성장세와도 비교된다. 전기차 시장이 폭발적으로 성장하는 티핑포인트가 다가왔다는 뜻이다.

그간 전 세계 자동차업계에서 전기차 회사들은 신생 스타트업에 불과했다. 백 년 이상 내연기관의 내공을 가진 기존 자동차 회사들과 비교할 수준이 아니었다. 그러나 시장 환경이 바뀌고 있다. 노르웨이나 네덜란드에서는 2025년부터 내연기관 자동차 판매를 금지하는 법안을 상정한 바 있고, 여러 나라에서 이런 정책이 추진 중이다. 전 세계에서 가장 큰 자동차 시장을 가진 중국도 전기차 지원 정책을 강화하고 있다. 자동차 시장에서 오래된 강자가 신생 도전자에게 격파되는 상황은 얼마든지 가능하다.

세상에 맞출 것인가, 나에게 맞출 것인가

세상에는 두 부류의 사람이 있다. 세상에 나를 맞추겠다는 사람과 나에게 세상을 맞추겠다는 사람이다. 세상에 나를 맞춘다는 건 처세에 능하고 흐름을 잘 따라간다는 의미다. 기성세대가 좋아하는 사람이다. 괜히 모나게 튀지 말고 둥글둥글하게 살라는 얘기와도 상통한다. 이런 사람들은 남들을 편하게 해준다. 자기 고집만 고수하지 않고 배려도 잘하고 융통성도 있다. 하지만 지금 우리에게는 자신에게 세상을 맞추는 사람이 더 필요하다. 바로 이들이 세상을 바꾸기 때문이다.

역설적이지만 고집 세고 처세에 서툰 이런 사람들이 있어서 인류는 진화해왔다. 미래를 예측하는 최고의 방법은 창조하는 것이라고

했다.

마크 저커버그와 세르게이 브린, 빌 게이츠와 평범한 사람들의 차이점이 무엇일까? 그들은 각기 페이스북, 구글, 마이크로소프트를 창업했다. 그러나 중요한 차이점은 그들이 거머쥔 막대한 부가 아니다. 결정적 차이는 그들은 창업을 했다는 점이다. 누구보다 먼저 새로운 사업의 가능성을 보고 위험 부담을 감수하며 자신을 걸었기에 결과적으로 막대한 부의 차이를 낳은 것이다.

스타트업은 세상을 바꾸겠다는 사람들이 하는 것이다. 지금은 세상이 가장 역동적으로 바뀌는 뉴 노멀 시대이고, 스타트업하기에 가장 좋은 시대다. 한 번뿐인 인생이다. 언더 독으로서 과감한 싸움을 벌이지 않은 자에게 결코 탑 독이 될 기회는 주어지지 않는다. 로또 따위에나 인생을 걸기에는 한 번뿐인 우리 인생이 너무 아깝지 않은가?

재봉건화하는 한국 사회

한국 사회는 더 이상 개천에서 용이 나는 것을 용납하지 않는다. 계층 상승의 사다리가 사라졌다. 흙수저, 3포, 5포, 7포 세대라는 말은 젊은 세대의 좌절을 말하기도 한다. 1997년 외환위기 당시와는 또 다른 양상이다. IMF 경제 위기 상황에서도 희망은 살아 있었다.

대량의 정리해고로 수많은 가장이 길거리로 내몰렸지만, 그래도 미래의 희망에 대해 의심하지 않았다. 어려울지언정 후퇴하지 않고 조금씩 나아져 온 것이 한국 현대사의 경험이었으니까. 그런데 작금에 오면 이제 사람들은 하나둘씩 계층 상승에 대한 희망을 접고 있다.

고려대 응용문화연구소 이왕원 연구팀의 논문 「한국인의 상향이동에 대한 의식: 연령·기간·코호트 효과를 중심으로」에 따르면, 계층 상향 이동 가능성을 긍정적으로 생각하는 비율이 외환위기 직후인 2000년 42퍼센트, 금융위기 직후인 2009년 48퍼센트 등으로 40퍼센트 대를 유지해왔다. 그러던 것이 2015년에 들면 32퍼센트로 급격한 감소세를 보인다.

블룸버그는 2015년 말 세계 부자 상위 400명을 분석했는데, 자수성가 부자가 65퍼센트 상속 부자가 35퍼센트였다. 세계 부자 순위 1위인 빌 게이츠(MS)를 비롯해 아만시오 오르테가(인디텍스), 워런 버핏(버크셔 해서웨이), 제프 베조스(아마존), 카를로스 슬림(텔멕스), 마크 저커버그(페이스북), 래리 페이지(구글), 래리 엘리슨(오라클) 등 상위 10명 모두 자수성가 부자였다. 국가별로 보면 미국은 자수성가 부자가 71퍼센트, 중국은 97퍼센트, 인도 64퍼센트, 러시아 100퍼센트, 일본 100퍼센트인 데 반해, 한국은 깔끔하고도 민망하게 0퍼센트다.

CEO 스코어에 따르면, 2015년 12월 한국의 상장사 주식 부자 순위 TOP 10중 9명이 재벌 3세들이고 겨우 1명만 창업한 자수성가 부자였다. Top 100까지 확대해도 자수성가형 부자는 25퍼센트에 불과했다. 결국 한국의 주식 부자 75퍼센트는 부자 부모에게 물려받은 재벌 2, 3세들이 차지하고 있는 것이다. 부가 대물림되고 계층과 경제적 형편의 상향 이동이 점차 불가능해지고 있는 한국 사회이다.

근대사회는 태어날 때부터 부여받은 신분에 결박되어 일생을 살아가야 했던 중세 봉건사회를 해체하면서 개막되었다. 개별 사람들 하나하나가 모두 똑같이 귀하고 평등한 주인이라는 신념이 민주주의를 만들었고 열심히 일하면 잘살 수 있다는 기회의 보장이 자본주의를 융성하게 한 원동력으로, 이 두 가지 축이 오늘 우리가 발 딛고 사는 현대 국가의 기본 틀을 이룬다. 그런데 위에 열거한 사례들은 한국 사회가 다시 봉건으로 회귀하고 있음을 보여주는 증거들이다. 현대 민주주의 사회가 지배자와 피지배자로 이뤄진 봉건적 주종 관계로 회귀하는 것을 재봉건화라고 한다. 이것은 한마디로 민주주의의 파괴다. 그리고 이러한 사회에서는 더 이상 자본주의도 경제도 발전할 수 없다.

사극 드라마를 보면 양반 주인을 섬기는 것을 숙명으로 여기며 살다가 초라하게 죽어가는 노비들이 나온다. 시청자들은 "어찌 저런 말도 안 되는 세습 신분제가 있었을까?" 혀를 차는 한편으로 오늘의 사회가 정해진 신분과 계급이 없고 기회가 균등한 민주주의 사회라는 점에 안도하기도 한다.

그런데 과연 그런가? 재봉건화가 이루어지고 있는 한국 사회에서 자신과 그 자식 세대, 자식의 자식 세대까지 언더 독을 벗어나지 못한다면 우리가 사극 속의 노비들과 다른 점이 무엇일까?

싸우고 덤비고
도전하라

어느 순간부터 한국 사회에 흙수저 금수저 타령이 늘었다. 헬조선이란 말도 마찬가지다. 어느 때보다 극심해진 사회적 불평등이 그 배경을 이룬다. 그러나 불평을 늘어놓는다고 해서 달라질 것은 없다. 싸구려 위로도 결코 도움이 되지 않는다. 필요한 것은 행동이다.

기성세대와 기득권이 만들어놓은 사회 시스템은 결코 언더 독에게 유리하지 않다. 이를 바꾸려면 불평하고 위로받고 있을 게 아니라 행동을 해야 한다. 개개인은 미약해도 뭉치면 달라진다. 언더 독이 이기려면, 뭉쳐야 한다. 선거에서 표의 힘이 바로 이런 것이다. 헬조선이나 흙수저의 상황을 결코 금수저들이나 기성세대가 알아서 해결해주지 않는다. 흙수저 금수저 타령은 그만하자! 값싼 위로나 동정도 구하지 말자! 그 시간에 싸우고 도전하고 덤벼라.

'없는 자가 이긴다'는 말은 사실 한 글자가 빠졌다. 빠진 글자를 채운 완전한 문장은 바로 '겁 없는 자가 이긴다'이다. 가진 것이 없는 사람이라면 겁 없이 덤벼야 한다. 없는 자에게 가장 필요한 건 싸움꾼 기질이다. 세상은 순진하지 않다. 정글 같은 세상의 한복판에서 순종적인 노예근성을 착한 것이라 착각하지 말자.

기득권자들은 지킬 게 많다. 돈과 지위, 명예 등 기존에 지킬 것들이 많을수록 과감한 도전은 어렵다. 상대적으로 보수적이고 소극적

언더 독,

고집 세고 처세에 서툴러야 한다.

세상에는 두 부류의 사람이 있다.
세상에 나를 맞추겠다는 사람과 나에게 세상을 맞추겠다는 사람.
뉴 노멀 시대 언더 독이 갈 길은 후자다.

이기 쉽다. 그런데 가진 것 없는 이들이 보수적이고 소극적인 건 안타깝다. 잃을 것도 없는데 겁먹을 건 무언가?

예를 들어서 인맥이라는 것을 살펴보자. 흔히 '빽'이라고도 한다. 오버 독이나 탑 독은 돈도 풍부하지만 인맥 또한 큰 자산으로 여겨왔다. 그런데 바꿔 생각하면 이 자산을 유지하기 위해서 그들은 많은 시간과 노력을 기울여야 한다. 에너지가 분산된다. 게다가 두루 넓은 인맥을 보유하려다 보니 자기만의 개성도 신념도 뚜렷하지 않다. 절대 과감하게 바꾸고 결별하지 못하며 마지못해 움직이더라도 속도가 느리다. 챙겨야 할 게 너무 많다.

언더 독은 이해관계의 고리나 인맥을 지켜야 한다는 과제로부터 자유롭다. 때문에 자신의 신념이나 결단에 의해 좌고우면하지 않고 올인할 수 있다. 이것은 무서운 무기이다. 인맥을 많이 가지는 것이 유리했던 시대가 분명 있었다. 하지만 판이 바뀌는 시대에는 인맥이 많다는 것은 오히려 운신의 폭을 좁히는 약점이 되기도 한다. 기득권층과 같은 인맥이 없다고 해서 세상의 도움을 받지 못하거나 폭넓게 활동하지 못하는가? 천만에. 유튜브로 전 세계에 자신의 창작물을 알릴 수 있고 그 가치를 인정받으면 얼굴 한 번 못 본 사람이 팬이 되고 자원해서 마케터가 되고 소셜 펀딩을 해주는 시대이다. 인맥 없고 빽 없다는 것에 자괴감 갖지 말자. 불리하다고 불평한들 바뀌는 것은 없다. 언더 독은 언더 독만의 방식으로 세상을 향해 질주하자.

과연 누가
골리앗인가

국내에서 이마트와 쿠팡의 유통 전쟁이 이슈가 될 때, 이마트를 골리앗에 쿠팡을 다윗에 비유하는 시각이 있었다. 2015년 양사의 매출을 비교해보면 이마트 12조 8000억 원, 쿠팡 1조 1339억 원으로 이마트가 쿠팡의 11배 정도이다. 꼬마에 불과한 쿠팡.

하지만 쿠팡의 매출은 2014년에 3485억, 2013년엔 478억 원이었다. 가파른 증가세가 놀라울 정도다. 크기로만 비교하면 이마트가 골리앗이지만 성장세를 따져보면 쿠팡이 골리앗이다. 쿠팡은 포천이 꼽은 2016년 유니콘 기업 리스트에서 세계 20위에 올랐다. 기업가치는 50억 달러, 한화로 5조 9000억 원 정도다. 2016년 6월 3일 기준 이마트의 시가총액은 4조 9201억 원이다. 현재 매출에서는 이마트가 압도적 우위지만, 기업가치와 성장성에서는 쿠팡의 미래가 훨씬 더 밝다.

쿠팡은 2010년 소셜커머스 기업으로 창업했다. 2014년 쿠팡 배송을 시작하며 온라인 유통의 새로운 도전을 했고, 일본 소프트뱅크로부터 10억 달러를 투자받았다. 한화로 조 단위의 돈이 스타트업에 투자된 것이다.

신세계그룹의 대형할인점인 이마트는 1993년 설립되었고, 계열사만 20여 개다. 모기업인 신세계백화점이 1955년 동화백화점을 전신으로 창업한 것까지 고려하면 업력으로 보나 규모로 보나 쿠팡과 비교당하는 것 자체가 자존심 상한다. 그런 이마트도 온라인 쇼핑 전쟁에서는 쿠팡에게 도전자의 자세로 임하고 있다. 이마트의 온라인 쇼핑몰인 이마트몰은 2011년 3289억 원, 쿠팡과 본격적으로 싸운 2015년 7800억 원의 매출을 올렸다. 2016년 매출은 1조 원대를 훌쩍 넘을 것으로 예상된다. 전통의 유통 대기업이 온라인과 모바일에서는 사력을 다해 신생 기업을 쫓아가고 있는 셈이다.

아무리 오프라인 강자라 해도 온라인과 모바일 시장으로 세력 확장을 하지 못하면 망하는 것은 순식간임을 알고 있는 것이다. 조만간 국내 백화점 빅3, 대형마트 빅3 중에서 한두 개쯤 망하거나 크게 쇠락해도 놀랄 일은 없다. 이것이 바로 뉴 노멀이니까.

우리나라의 온라인 쇼핑은 1996년 6월 1일이 시초다. 롯데닷컴과 인터파크가 서비스를 개시한 날이다. 1996년 한 해 국내 전체 온라인 쇼핑 매출은 5억 원에 불과했다. 20년이 흐른 2015년 국내 온라인 쇼핑 매출액은 53조 9340억 원에 이른다. 전년 대비 19.1퍼센트의 성장률이다. 성장세로 볼 때 3~5년 사이에 온라인 쇼핑 전체 규모가 100조 원대로 커질 전망이다. 신동빈 롯데그룹 회장은 국내 유통 시장에서 온라인 거래 비중이 향후 70퍼센트에 이를 것으로 보고 이에 대비하라는 지시를 내리기도 했다.

온라인 쇼핑 중에서는 특히 모바일의 비중이 급상승 중인데, 2013년 17퍼센트, 2014년 32.9퍼센트, 2015년 45.3퍼센트, 2016년 1분기 51.3퍼센트에 이른다. 결국 모바일 쇼핑의 강자가 온라인 쇼핑을 장악하고, 온라인 쇼핑을 장악하는 강자가 전체 유통 시장을 장악하는 셈이다. 전통적인 유통 기업들이 쿠팡을 견제하며 싸움을 벌이는 이유가 이것이다.

길다면 길고 짧다면 짧은 지난 20년 동안 이처럼 거대한 변화가 국내 유통 시장에 몰아쳤다. 조금 일찍 이 추세를 파악하고 과감하게 뛰어든 언더 독들에게는 얼마든지 기존의 골리앗들과 싸우며 성장할 기회가 있었던 것이다. 유통 산업 하나만 보아도 이러한데 산업 전반으로 시각을 확대해 보면 기회는 무궁무진하다. 이젠 늦지 않았냐고? 아니다. 지난 10년의 변화가 요즘은 2, 3년 단위로 일어난다. 아직도 시작에 불과하다. 지금까지보다 훨씬 더 많은 기회가 언더 독 앞에 놓여 있다.

직원 1인당 가치가
7700만 달러인 회사

페이스북이 인스타그램을 인수할 때 10억 달러를 썼다. 당시 인스타그램은 직원 13명에 불과한 창업 2년 차 회사였다. 페이스북이 비싸게 산 게 절대 아니다. 인스타그램의 기업가치는 2015년 350억 달러로 평가되었으니, 페이스북은 10억 달러에 산 기업을 3년 만에 35배 가치로 키워낸 것이다.

페이스북의 안목도 놀랍지만 여기서 더 주목하고 싶은 것은 인스타그램이 단 13명의 직원으로 인수액 10억 달러의 가치를 평가받았다는 사실이다. 1인당 7700만 달러 정도의 가치를 만들어낸 셈이다. 스냅챗은 시가총액 150억 달러로 평가받을 당시 직원이 330명이었다. 직원 1인당 가치는 4800만 달러였다. 이들 기업의 사례를 보면 기업가치는 직원 수와 비례하지 않는다.

　폭스콘을 가진 대만의 홍하이는 2015년 포천의 글로벌 500대 기업 리스트에서 매출순으로는 31위이며 직원 수는 106만 명으로 3위에 랭크되어 있다. 폭스콘에게 제조 하청을 맡기는 애플은 매출 15위, 이익 2위다. 직원 수는 9만 7,200명이다. 2014년 애플의 매출은 1827억 9500만 달러이고, 폭스콘의 매출은 1390억 3940만 달러다. 홍하이가 애플보다 직원이 11배 많지만, 매출은 4분의 3에 불과하다. 자산 규모를 보면 애플 2318억 3900만 달러, 홍하이 779억 3400만 달러로 애플이 거의 3배나 많다. 제조와 생산 능력을 갖고 있지만 홍하이는 애플의 하청 공장에 불과하다.

　포천이 선정한 글로벌 500대 기업 1위 월마트의 매출은 4856억 5100만 달러다. 오프라인 유통 강자인 월마트에 비교되는 온라인 유통 강자는 아마존이다. 아마존의 매출은 889억 8800만 달러로, 아직은 월마트와 겨룰 정도가 아닌 듯 보인다. 하지만 직원 인당 매출로 따지면 이야기가 달라진다. 아마존 직원이 15만 4,100명인데 월마트는 그보다 14배 이상 많은 220만 명이다. 월마트는 아마존에 비해 14배 많은 직원을 가지고 매출은 5.4배 정도를 올렸다. 직원 1인당 매출로 보면 유통에서도 전통적인 오프라인 강자의 자리를 온라인의 추격자가 서서히 빼앗아가는 중임을 알 수 있다.

월마트는 1962년에 아마존은 1994년에 창업했다. 월마트는 여전히 최고 수준의 경쟁력을 지닌 기업이자 글로벌 유통 공룡으로 오프라인에서는 필적할 경쟁자가 없지만, 온라인의 아성을 공고히 한 아마존을 이기지는 못한다. 지금까지는 두 기업이 온오프라인의 서로 다른 시장에서 영역을 구축하며 공존하고 있지만, 미래에도 이런 공존이 계속되리라는 보장은 없다. 장기적으로 둘 중 하나를 선택하라면 나는 망설임 없이 아마존의 손을 들어주겠다. 현재의 규모나 매출보다 성장 가능성이 훨씬 더 중요하기 때문이다.

전통적 강자가 어쩌면 종이호랑이일 수 있다. 수만 명의 임직원을 자랑하는 대기업이 어쩌면 제 몸무게도 못 이겨 신음하는 비만한 하마에 불과할 수도 있다. 지금 언더 독인 당신이 어쩌면 인당 수천억 원의 가치를 지닌 존재일지 모른다.

중요한 것은 이 모든 '어쩌면'을 '사실은'으로 변화시키는 일이 오직 언더 독인 그대의 도전에 달렸다는 것이다. 뉴 노멀 시대의 모든 언더 독이여, 거침없이 도전하라.

06

그들 모두
언더 독이었다

레이쥔
"안 되는 게 어딨어?"

샤오미 CEO 레이쥔은 대학에서 컴퓨터공학을 전공했다. 학생 시절부터 얼리어답터였던 그는 매일같이 중국 우한 전자상가를 드나든 단골손님이자 전자상가 컴퓨터 업체 사장들이 문제에 부닥칠 때마다 찾는 우한 전자상가의 스타였다. 레이쥔은 1990년 산서三色라는 회사를 창업했으나 1년 만에 망하고 1992년 킹소프트金山라는 소프트웨어 전문 벤처기업에 프로그래머로 합류해 입사 6년 만에 CEO가 된다. 레이쥔은 CEO가 된 지 10년 만인 2007년 다섯 번의 시도 끝에 킹소프트를 홍콩 증시에 상장시켰다.

킹소프트를 중국 IT 대표 기업이자 자국 내에서 마이크로소프트와 대적할 회사로 키우고 증시 상장까지 성공시킨 그가 다음 수순으로 한 일은 회사에 사표를 제출하는 것이었다. 그는 더 큰 꿈이 있었다. 사표를 쓰고 6개월간 자신을 돌아보는 시간을 가졌다. 사실 2007년은 IT 역사에 아주 특별한 기점이다. 애플의 아이폰이 바로 그해 7월에 출시되었다. 레이쥔은 아이폰에 충격을 받았고, 곧 모바일 시대가 될 것이라는 판단을 하기에 이르렀다. 그는 엔젤 투자자로 변신해 250개 스타트업의 창업을 지원했고, 결국 2010년 그가 계획했던 모바일 비즈니스를 위해 샤오미를 창업했다.

샤오미의 경쟁력 중 하나는 소프트웨어다. 샤오미의 운영체제는 안드로이드를 커스터마이징한 독자적인 운영체제인 MIUI다. MIUI는 샤오미가 만든 스마트폰과 태블릿 PC를 비롯해, 스마트 TV 등에 기본 장착된다. 그들만의 생태계 기반을 확실하게 구축한 셈이다. 미펀Mi-Fan이라는 샤오미 팬클럽도 생겼다. 하드웨어 가격 경쟁력에 소프트웨어 플랫폼을 더한 경쟁력이 샤오미의 밝은 미래를 말한다.

"10년 안에 애플과 삼성을 꺾고 세계 시장 1위를 차지하겠다."

창립 5주년을 맞이해 열린 기자회견에서 레이쥔이 한 말이다. 이제 다섯 살밖에 안 된 회사가 세계 최고의 IT 기업들을 꺾겠다고? 하지만 이게 샤오미의 레이쥔이 한 이야기라면 달라진다. 정말 그럴 수도 있겠다는 생각이 들게 만드는 인물이기 때문이다. 그는 스마트폰을 만든 지 3년 만에 텐 밀리언셀러(1000만 대 판매) 제품 MI2를 만들면서 창업 4년 만에 세계 스마트폰 시장의 강자로 우뚝 섰다.

샤오미는 2010년 4월 중국의 실리콘밸리로 불리는 베이징 중관촌

"10년 안에 애플과 삼성을 꺾고
세계 시장 1위를 차지하겠다."

- 레이쥔 (샤오미 CEO) -

샤오미는 중국말로 좁쌀이라는 뜻이다.
"네 처음은 미약하였으나 네 나중은 창대하리라"는
성경 욥기의 구절을 연상케 한다.

에 있는 바오푸쓰차오인구빌딩 807호에서 시작되었다. 중국 서민들의 소박한 한 끼 식사인 좁쌀죽을 먹으며 미래를 논의한 데서 회사이름이 나왔다. 샤오미小米는 중국말로 좁쌀이라는 뜻이다. 보잘것없는 좁쌀을 사명으로 쓴 이 회사는 불과 5년 만에 월스트리트저널이 평가한 기업가치 460억 달러(한화 약 50조 6000억 원)의 회사가 되었다. 성경 「욥기」에 나오는 '네 시작은 미약하였으나 네 나중은 창대하리라'라는 말이 딱 맞는다.

샤오미는 아직도 갈 길이 멀다. 여전히 레이쥔은 매주 월요일 오전 9시 30분부터 오후 1시 30분까지 오로지 한 가지 일에만 매달린다. 매주 현장 일선의 프로그래머, 디자이너, 프로젝트 매니저와 이야기하며 제품의 디테일에 몰입하려 애쓴다. 현장에 귀 기울이는 CEO로서 발 빠른 시장 대응을 위한 그만의 습관이기도 하다. 조직이 커질수록 CEO는 직원들과 간극이 생기기 마련인데 레이쥔은 여전히 초심을 유지하고 직원들과의 소통을 중요시하고 있다. 수평적인 조직 문화를 지향하는 샤오미는 직원 누구나 언제든 CEO 레이쥔에게 메일이나 메시지를 보내 직접적인 소통을 할 수 있다. CEO 아래 팀장과 엔지니어만 있을 뿐, 그 외의 직급도 없다. 심지어 엄격한 출퇴근 관리나 복장 규정도 없다. 자유롭게 일하며 창조적 혁신적 아이디어를 펼치라는 게 회사의 주문이다. 인재가 무엇보다 중요하고, 그 인재의 창의성이 기업의 경쟁력임을 알고 직접 실천하고 있는 것이다.

요즘 잘나가는 중국 IT 기업들에서는 한결같이 수평적 조직 문화를 엿볼 수 있다. 유교의 나라라는 선입견은 한 방에 날려버린다. 적어도 비즈니스에서만큼은 나이도 직급도 서열도 내려놓고 평등을 기하고 있다.

샤오미의 도전은 "안 되는 게 어딨어? 한번 해보기나 했어?"라고 말하던 정주영 회장을 떠올리게 한다. 정주영 회장의 메시지는 전형적인 벤처 정신이자 언더 독이 견지해야 할 자세다. 정주영 회장의 가장 큰 장점은 과감하게 밀어붙이는 도전 정신, 바로 싸움꾼 기질이었다. 언더 독은 샤오미와 정주영 회장에게서 다른 건 몰라도 이 넉넉한 배포와 도전 정신 하나만큼은 확실히 배워야 한다.

트래비스 칼라닉
"겸손 따위 개나 줘버려"

페이스북의 기업 가치가 500억 달러를 넘어선 것은 창업한 지 7년째 되던 해다. 우버는 5년 만에 그 기록을 이뤄냈다. 우버의 시작은 공동창립자이자 CEO 트래비스 칼라닉이 겪은 실제 경험에서 비롯했다. 2008년 트래비스 칼라닉은 파리에서 열린 콘퍼런스에 참석했다가 택시를 잡느라 곤욕을 치렀다. 이때 스마트폰 앱으로 놀고 있는 차를 쉽게 부른다는 아이디어를 생각해냈다. 2010년 6월 샌프란시스코에서 우버를 만든 트래비스 칼라닉은 지인 100여 명을 대상으로 서비스를 시작했다. 그렇게 소박하게 시작한 서비스가 이제 전 세계로 확장되고 있다.

우버의 경쟁력은 차량을 가지고 실시간으로 고객의 요구에 따라 이동할 수 있는 운전자의 네트워크를 얼마나 많이, 안정적으로 확보하느냐에 달려 있다. 이것이 바로 우버의 비즈니스 플랫폼이다. 우버가 직접 이들을 고용한 것도 아니고, 이들에게 차를 사준 것도 아니다. 단지 우버는 이들을 연결시킨 것뿐인데, 이 기반을 가지고 차량 공유 서비스뿐 아니라 각종 배송 사업도 벌인다. 이미 우버는 미래의 페덱스가 될 거라는 전망도 나오고 있다. 심지어 우버는 뉴욕, 시카고, 토론토, LA, 샌프란시스코, 바르셀로나 등에서 점심을 배달해주는 우버이츠 서비스도 시행 중이다. 뉴욕에서는 디자이너 슈트를 배달하는 서비스를 시험한 바 있다. 음식을 배달하는 우버 프레시, 생필품 등을 사다 주는 우버 코너스토어, 자전거 택배 서비스인 우버 러시도 있다. 그냥 차량 공유만 하는 서비스가 아니라 차량 공유를 기반으로 다양한 컨시어지concierge 이코노미를 만들어내고 있다. 투숙객들에게 다양한 서비스를 제공해주는 호텔 컨시어지처럼 사용자가 필요한 것들을 우버 네트워크를 통해 제공하는 것이다.

우버는 자율주행 자동차도 연구하고 있다. 로봇 공학 분야에서 세계적인 수준을 지닌 카네기멜런대 연구원들을 고액 연봉으로 대거 영입했으며 구글의 관련 전문가들을 스카우트하기도 했다. 우버의 최대 투자자가 바로 구글이어서 갈등을 겪기도 했는데, 우버가 얼마나 공격적으로 신기술에 대한 투자를 확대하고 있는지 입증하는 에피소드라 할 수 있다. 자동차 운행은 물론이고 각종 배송 서비스가

파괴자인가 창조자인가? 우버 창립자 트래비스 칼라닉.

무인화되는 시기를 미리 준비하고 있는 것이다.

우버는 더 이상 작은 스타트업이 아니다. 전 세계 주요 IT 기업과 다양한 관계를 쌓고 있으며, 그만큼 우버의 위상도 높아졌다. 칼라닉은 사람들이 직접 운전대를 잡을 일 없이 모든 사람의 개인 운전기사를 구현하는 것을 목표로 삼고 우버를 시작했다고 밝힌 바 있는데, 그 목표가 실현되고 있는 중이다.

칼라닉은 열여덟 살 때 처음 사업을 시작했다. 미국의 수학능력시험인 SAT를 앞둔 후배에게 수학을 가르쳤는데 점수가 단기간에 400점 이상 오른 것이 알려지면서 자의 반 타의 반으로 소위 족집게 학원을 차린 것이다. 첫 사업은 지극히 한국적인 비즈니스였지만(그리고 흥미롭게도 그는 이 학원을 한국인과 공동 창업했다) 그다음부터 그가 주목한 사업들은 한결같이 인터넷 기반의 공유 비즈니스였다. 본격적인 IT 창업이라 할 수 있는 스카우어Scour라는 음악과 비디오 공유 서비스 사업은 UCLA에서 컴퓨터공학을 전공하다 학교를 그만두고 1998년에 시작했다. 1500만 달러 이상을 투자 유치하며 사업은 확장되었지만, 냅스터 같은 경쟁사 등장과 콘텐츠 기업들의 잇따른 소송으로 결국 파산했다. 그는 굴하지 않고 곧이어 2001년에 레드 스우시Red Swoosh라는 파일 공유 서비스 사업을 공동 창업했다. 이 사업에서도 내부 문제를 겪으며 어려움에 처했지만 다행히 네트워크 컴퓨팅 기업 아카마이에 회사를 2300만 달러에 매각하여 큰돈을 벌었다. 이를 기반으로 창업한 회사가 바로 우버다.

트래비스 칼라닉은 실패를 여러 번 겪은 창업자다. 하지만 계속 새로운 도전을 했기에 우버 같은 성공이 가능했다. 실패에 굴하지 않는 사업가가 결국 성공을 맛본다는 점을 증명한 셈이다.

우버는 시장 파괴자다. 택시, 렌터카, 택배 등 기존 시장의 수많은 사업자들이 우버에 의해 파괴된다. 그러다 보니 우버 사업은 많은 나라에서 반발과 논란을 불러일으키고 있다. 이런 잡음을 과감히 정면 돌파하는 것이 바로 트래비스 칼라닉의 방식이다. 공격적인 사업 태도 탓에 그는 적이 많다. 원만하고 둥글둥글한 성격과 넓은 인간관계를 미덕으로 여기는 한국에서라면 왕따 신세를 못 면할 사람이다. 우버라는 사업 자체가 공격적이지 않으면 진화하지 못한다.

"겸손과 예의 따위 개나 줘버려"

이것이 트래비스 칼라닉이 언더 독에게 주는 조언이다.

앨런 멀러리
"서슴없이 적색등을 켜라"

앨런 멀러리Alan Mulally는 2006년부터 2014년 6월까지 자동차 회사 포드의 CEO로 일했다. 그는 위기 극복의 달인이다. 미국 최고의 자동차 회사 포드의 위기를 극복했고, 세계 최고의 항공기 회사인 보잉의 위기도 그의 손에서 극복되었다. 2008년 금융위기로 미국의 수많은 기업이 위기에 빠졌지만 특히 자동차업계는 더 심각했다. 그런데 포드는 2009년 결산에서 순이익으로 흑자 전환했다. 2008년 적자 규모가 무려 147억 달러(약 17조 1000억 원)였는데, 2009년에 26억 9900만 달러의 흑자를 기록한 것이다. 2005년 이래 4년 만의 흑자이기도 했다.

앨런 멀러리는 2006년 9월 포드에 영입되었다. 자동차 업종 자체 위기에 금융위기라는 외부 위기까지 겹친 최악의 상황에 CEO를 맡아서 단기간에 보란 듯이 위기를 넘어섰다. 같은 시기 미국의 자동차 빅3 중 다른 두 기업인 GM과 크라이슬러는 파산보호 신청에 들어갔다. 포드만 유일하게 자력으로 위기를 극복하며 살아난 것이다.

위기 극복의 시작은 실패에 대한 태도부터 변화시키는 것이었다. 앨런 멀러리는 취임 후 임원들에게 업무 보고 시 신호등의 적색, 황색, 녹색 등을 켜게 했다. 진행하는 사업이 문제없이 잘 될 것 같으면 녹색, 실패할 조짐이 조금이라도 보이면 황색, 실패가 확실해서 위험하다 여겨지면 적색을 켜놓고 발표하는 것이었다. 첫 6주 동안은 모든 업무보고에서 녹색등만 켜져 있었다. 당시 포드는 170억 달러 적자가 나던 상황인데도 말이다. 모든 임원의 보고가 현실을 직시하지 않았던 셈이다. 앨런 멀러리는 현실을 제대로 보고하지 않는 임원은 즉시 해고하겠다고 엄포를 놨고, 그로부터 2주 후 적색등을 켠 첫 보고가 나왔다. 앨런 멀러리는 이 보고에 화를 내기는커녕 현실을 제대로 알려줘서 고맙다며 위기 상황을 벗어나기 위해 해당 부서가 무엇을 하든 회사에서 200퍼센트 이상 지원해주겠다고 격려했다. 이때부터 포드에는 위기는 숨길 게 아니라 회사에 빨리 보고하면 개선할 수 있다는 믿음이 생기기 시작했다.

이후 녹색 일변도에서 노란색, 빨간색이 다양하게 나오며 실패 가능성이 있는 프로젝트에 대한 해결책을 함께 고민하기 시작했고 포드는 위기를 넘어설 수 있었다. 조직에서 실패를 두려워하는 직원들이 있다는 것은 그 직원의 문제가 아니라 해당 조직 문화의 문제이다. 역대로 위기를 극복한 회사에는 위기를 제대로 인식하는 문화가 있었다.

> "실패는 감출수록 커지고 악화되지만 일단 드러내기 시작하면 성공과 창조를 가져온다."

실패학의 창시자 하타무라 요타로 도쿄대 명예교수의 얘기이다. 테슬라 CEO인 일론 머스크는 실패는 하나의 옵션이고, 만약 무언가 실패하고 있지 않다면 충분히 혁신하고 있지 않은 것이라고 했다. 경영 저술가 톰 피터스는 빨리 실패하는 자가 빨리 성공한다고 했다.

언더 독이여, 미래가 두려운가? 미래는 정해져 있지 않다. 아직 누구도 미래의 답을 모른다. 다양한 도전 속에서 답을 찾아가고 미래를 만들어가는 수밖에 없다. 이 과정에서 실패는 미래의 답을 찾기 위한 가장 좋은 공부다. 실패는 결코 낭비가 아니라 답을 찾기 위한 지름길이다. 실패하고 또 도전하고, 실패하고 또 도전하고…. 이런 과정이 반복되면서 점점 더 좋은 답이 도출된다. 미래는 그렇게 만들어진다.

07

언더 독의
도전 방식

취향과 취미는
최고의 콘텐츠

2015년 10월 31일, 한 온라인 커뮤니티에 성남공항 근처에 사는 어떤 이가 흥미로운 글을 올렸다. 내용인즉, 날아오는 비행기 소리를 듣고 잠이 깼는데 747기종이고, 우리나라 대통령 전용기 747기종의 엔진인 PW 계열이 아니라 GE 계열의 747이더라는 것이다. 실제로 창밖을 보니 중국 국적기 디자인이 그려진 747-400이 성남공항으로 날아가고 있었다고 한다. 성남공항은 군용 공항이니 747 같은 대형 여객기가 떴다는 것은 VIP가 왔음을 추정할 수 있는데, 중국 비행기니 아마도 중국 총리가 온 것이 아니냐는 글이었다.

실제로 그날 한중 정상회담차 리커창 총리가 방한했다. 소리만으로 비행기 기종은 물론 엔진 종류까지 구분할 수 있다면 대단한 비행기 '덕후'다. 이런 특별한 능력은 쉽게 학습시킬 수도 없다. 정말 좋아하고 오래 탐닉하면서 생긴 재능, 바로 취향이 전문성이 된 테이스테셔널Tastessional, TASTE+professional이다. 자기가 좋아하는 일에 미친 듯 몰입할 수 있다는 건 행복한 일이다.

SBS 〈영재발굴단〉에 소개된 11세 소년 김건은 자동차 영재다. 검증을 위해 뺑소니 사건 미해결 사건 영상을 보여줬더니, 놀랍게도 영상을 보자마자 차종을 특정했다. 영상이 흐려 차종을 제대로 파악할 수 없었던 미제 사건이 이 소년 덕분에 차종을 좁히고 그 차종만 대상으로 조사해서 결국 범인을 찾았다고 한다. 이 소년은 자동차에 푹 빠져서 자동차의 스펙이며 소리, 특징 등을 완전히 파악한 덕분에 육안으로는 얼른 분간되지 않는 흐릿한 CCTV 영상과 배기음만으로 차종을 직관적으로 판단할 수 있었다.

이런 능력은 학습으로 쌓기 어렵다. 미쳐야 가능하다. 이런 사람들을 앞으로 더 주목해야 한다. 로봇이 사람의 일자리를 대체하기 시작한 시대이다. 모범생들의 역할은 로봇이 대체하기 가장 쉽다. 덕후와 테이스테셔널, 특정 분야를 너무 좋아해서 몰입한 이들이 가진 직관과 창의력이 중요해진다. 미디어의 시대가 아닌 콘텐츠의 시대, 조직의 시대가 아닌 개인의 시대를 맞고 있다. 탁월한 개인, 세상에 없는 자기만의 가치를 가진 개인에게는 충분히 기회가 많은 세상이다.

덕후는 일본어 오타쿠otaku, 御宅를 우리 식으로 바꾼 말이다. 원래는 애니메이션이나 게임 등에 광적으로 몰두하며 사회성 없이 혼자만의 세계에 빠진 이들을 일컬었다. 하지만 이제 덕후는 한 분야에

깊이 몰입해 특별한 능력을 쌓은, 세상에 없던 새로운 전문가들의 산실이다. 덕후가 테이스테셔널이 되고, 중요한 생산자이자 크리에이터로 격상되었다. 그야말로 덕후 전성시대가 열린 것이다.

과거에 덕후에 대한 인식이 부정적이었던 건 그들이 돈을 못 벌고 시간만 낭비한다고 여겨서다. 그런데 돈을 버는 덕후들이 등장하기 시작한다. 수집한 것을 비싼 값에 되팔아서 벌거나, 콘텐츠 크리에이터가 되어서 벌거나, 특정 분야에 대한 집중과 탐닉으로 특별한 전문가가 되어서 벌거나, 취미를 기반으로 창업을 해서 번다. 다양한 방법으로 돈 버는 덕후들의 성공담이 심심찮게 들려온다. 가까운 예로 국내 대표적인 게임회사 CEO들은 어릴 적 다시없는 게임 덕후들이었다.

게임, 애니메이션, 방송, 패션, 문화예술 등 다양한 분야에 성공한 덕후들이 속속 나타난다. 특히 개인 콘텐츠 크리에이터들의 급증이 주목할 만하다. 유튜브에 자기가 만든 동영상을 올려서 노출 수에 따른 광고 수익으로 연간 수억 원대의 수입을 올리는 이들이 적지 않다. 먹방이건 게임 중계건 자기만의 특별한 취미나 재미를 만들어내는 이들이다. 뭐든 자기가 정말 좋아하면서 오래 집중적으로 투자한 사람이 쌓은 경험과 지식은 남들이 쉽게 못 따라간다. 콘텐츠 생산과 유통 방식이 다양해졌고, 모바일과 인터넷이 모든 사람에게 자신의 덕후 기질을 콘텐츠화할 기회를 언제든 제공하고 있다.

취향이 곧 콘텐츠가 되는 시대에 덕후와 테이스테셔널은 중요한 생산자이며 마케팅 영향력을 가진 트렌드 주도자이기도 하다. 한때

'덕질'은 언더 독들의 피난처였지만, 이제는 언더 독이 경쟁력을 갖추는 주요한 방법 중 하나가 되어가고 있다.

성공한 스타트업 창업자들은 미쳤다

상업용 드론 업체인 DJI의 창업자이자 CEO인 프랭크 왕Frank Wang은 초등학생 때 부모를 졸라서 고가의 모형 헬기를 구입할 정도로 모형 비행기에 빠진 소년이었다. 그 모형 헬기는 당시 중국 직장인 평균 월급의 7배 정도였다고 하니, 이 소년이 부모를 얼마나 집요하게 졸라댔을지 짐작이 간다. 프랭크 왕은 항저우에서 태어났으나 어린 시절 중국 제조업의 메카라고 하는 선전으로 이사했다. 그는 사범대를 다니다 적성이 안 맞아 중퇴하고 홍콩 과학기술대에 로봇 전공으로 재입학한다. 졸업 과제로 만든 자동 헬리콥터 조정기로 2005년 홍콩 로봇 경진대회에서 1등을 했고, 2006년 대학 졸업 후 선전에서 DJI를 창업했다. 그때가 25세였는데, 그로부터 10년 후 그는 억만장자가 되어 있었다.

포브스에 따르면, 프랭크 왕의 재산은 36억 달러다. 중국의 DJI는 세계 상업용 드론 시장 점유율 70퍼센트를 확보한 최대 드론 업체다. DJI가 2013년 출시한 팬텀은 미국 타임이 '2014년 10대 과학기술 제품', 뉴욕타임스가 '2014 우수 첨단기술 제품', 영국 이코노미스

소비자용 드론 시장은 2022년까지 연평균 28.1퍼센트씩 성장해 시장 규모가 114억 달러에 이를 것으로 예상된다.

트가 '가장 대표적인 글로벌 로봇'으로 선정했다. DJI의 매출은 2011년 420만 달러에서 2015년 1억 3000만 달러로 성장했고, 2016년 매출은 10억 달러로 예상되고 있다. 현재 세계 상업용 드론의 표준 기술 대부분을 DJI가 가지고 있다. 모형 비행기에 빠져 살던 소년이 드론으로 세상을 바꾼 것이다.

액션캠의 대명사인 고프로GoPro를 창업한 닉 우드먼Nick Woodman 은 서핑에 미친 서핑 덕후였다. 호주 서핑 여행에서 파도를 타는 자신의 모습을 카메라에 담고 싶었던 닉 우드먼은 손목 스트랩을 만들면 서퍼들이 쉽게 자신을 찍을 수 있겠다는 아이디어를 기반으로 2002년 창업했다. 연구 끝에 2004년 손목에 착용하는 35mm 필름 기반 카메라를 처음 출시했다. 이후 발전을 거듭해 2010년 착용 및 장착 가능한 고화질HD 카메라 히어로HERO를 출시하면서 액션캠의 새로운 시대를 열게 된다.

1992년생 파머 럭키Palmer Luckey는 2012년 오큘러스VR을 창업했다. 회사는 2014년 페이스북에서 23억 달러(2조 5000억 원)에 인수했다. 스물두 살에 억만장자가 된 것이다. 럭키는 게임광 소년이었다. 영화 〈매트릭스〉를 보며 가상현실에 빠진 그는 학교를 다니지 않고 홈스쿨링을 하면서 14세부터 가상현실 제품을 만드는 실험을 시작했다. 이후 킥스타터에서 개발 비용 25만 달러를 모으기 위해 펀딩을 했는데 무려 240만 달러가 모였다. 오큘러스VR을 창업한 그는 전 세계에서 가장 유명하고 가장 많이 팔린 VR기기를 만들었다. 게임광이 새로운 가상현실 세상을 만든 셈이다.

불광불급不狂不及이라고 했다. 미쳐야 미친다. 한 분야에 깊이 빠져 미치지 않으면, 그 분야의 가장 탁월한 경지까지 이르지 못한다는 의미이다. 믿을 건 자신뿐인 언더 독이 남들이 갖지 못한 자기만의 능력을 갖추려면 미쳐야 한다. 스타트업을 꿈꾼다면 적어도 한 분야 만큼은 탁월하게 미쳐봐야 한다. 그래야 남들도 다 가진 뻔한 아이디어나 평범한 접근에서 벗어날 수 있다. 아울러 세상에 없는 새로운 기회를 먼저 만날 수 있다.

불광불급

不狂不及

미쳐야 미친다.
성공한 스타트업 창업자들은 미쳤다.

새로운 미디어 시대를 여는
앙팡 테리블

둘이 합쳐 아홉 살에 불과한 미국의 홀얀과 마야 남매는 2015년에 150만 달러를 벌었다. 이 남매가 장난감을 갖고 노는 영상이 수백만에서 최대 2000만 건씩 조회가 되면서 유튜브로부터 받은 한 해 광고 배분 수익이다. 홀얀과 마야는 필리핀 이민자 부모가 미국에 오자마자 낳은 아이들로, 이미 몇 년 전부터 연간 백만 달러 정도의 수입을 올렸다.

뉴 노멀 시대에 열 살 미만의 자수성가형 백만장자가 속속 등장하고 있다. 실제로 10세 미만 나이로 연간 100만 달러 상당을 버는 유튜버가 꽤 있고 연간 10만 달러 정도 버는 아이들은 셀 수 없을 만큼 많다. 웬만한 성인 직장인 수입을 능가한다. 이런 '앙팡 테리블'이 등장한 것은 세상이 바뀌었기 때문이다. 필리핀 이민자의 자녀에 나이까지 어린 홀얀과 마야가 막대한 돈을 버는 일은 과거 같으면 불가능했을 것이다.

2015년 유튜브 광고 배분 수익 1위는 '퓨디파이PewDiePie'라는 아이디를 쓰는 스웨덴 출신의 청년 펠릭스 크젤버그였다. 그는 스무 살 되던 2010년부터 자신이 게임하는 모습을 촬영해 방송하기 시작했고, 2015년 유튜브 광고 수익과 PPL 수익 등으로 1200만 달러를 벌었다. 백만장자가 아닌 천만장자다. 한 해 수입으로 말이다. 그의 유튜브 채널 구독자는 4500만 명이 넘는다. 2010년 4월부터 2016년 4월까지 만 6년간 그가 올린 유튜브 영상의 총 조회 수가 120억 회가 넘는다. 유튜브 단일 동영상 중 최고 조회 수를 자랑하는 싸이의 '강남 스타일' 뮤직비디오 조회 수가 25억 회 정도임을 감안하면 그의 인기를 짐작할 수 있다. 요즘 10대들이 꼽는 유명인에는 유튜브 스타들이 꼭 포함되고 그 인기는 TV 스타들을 능가한다. 글로벌 팝스타 싸이는 알아도 퓨디파이는 몰랐던 기성세대에게 이런 상황은 의아하기만 할 것이다.

열한 살 때부터 패션 블로그를 시작해 주목을 받은 테비 게빈슨은 13세 때부터 정식으로 뉴욕, 파리 등 세계적인 패션쇼에 초청되어 맨 앞줄에 앉기 시작했다. 열세 살 아이가 세계 패션계의 오피니언 리더가 된 셈이다. 2016년에 스무 살이 된 그녀는 이미 패션업계 경력 10년 차 전문가다. 과거라면 상상도 못 할 일이다. 10년 차 전문가가 되려면 대학을 졸업하고 업계에 뛰어들어 경력을 쌓는다고 쳐도 최소한 30대 초중반은 되어야 했다. 기성세대가 만들어온 세상의 노하우와 성공 등식을 무색하게 만드는 사례이다.

1995년 11월생인 베서니 모터는 2014년에 미국 주간지 타임이 선정한 '가장 영향력 있는 10대 스타 25인'에 이름을 올렸다. 이듬해에는 유튜브 스타를 대표해서 버락 오바마 대통령과 인터뷰를 하기도 했다. 베서니 모터는 뷰티와 패션 콘텐츠를 다루는 1인 창작자이자 유튜버인데 그녀의 채널 구독자가 1000만 명이 넘는다. 시작은 14세로 거슬러 올라간다. 학교에서 괴롭힘을 당한 그녀는 자신감 회복을 위해 동영상을 만들기 시작했다. 자신을 주인공으로 해서 패션과 뷰티 등 다양한 동영상을 꾸준히 만들어 올리다 보니 어느새 성공이 다가와 있었다. 이제 갓 스물을 넘긴 그녀는 세계적인 인플루언서이 자 유튜버로 높은 인지도와 함께 연간 수백만 달러를 번다. 그녀의 이런 성공은 학벌, 경력, 자격증으로 이뤄낸 게 전혀 아니다.

이미 십대들의 놀라운 성공이 줄을 잇고 있다. 미국만의 일이 아 니다. 한국에서도 대기업 부장보다 더 많은 수입을 올리는 10~20대 유튜버가 줄을 잇고 있다. 새로운 세상에 더 먼저 적응하고, 더 빨리 기회에 다가간다면 결코 학벌이나 나이, 배경이나 자본 따위는 문제 가 되지 않는다.

1인 기업과 프리랜서는 다르다

실리콘밸리에서는 1인 제조업이 계속 부상하고 있다. 과거에 제조업 은 개인이 접근할 분야가 아니었다. 대규모의 설비와 공간, 조직이 필요하다 보니 대자본이 필요했다. 그런데 3D 프린터가 대중화되고 제품을 만드는 환경도 일상에서 쉽게 이용할 수 있게 되면서 개인이 운영하는 제조업이 가능해졌다. 이를 가능하게 하는 공간인 메이커 스페이스Makerspace 역시 전 세계에 급속도로 퍼지고 있다. 대표적인 사례가 미국의 테크숍TechShop이다. 테크숍은 프렌차이즈형 메이커

미국 산호세 지역에 위치한 테크숍. 킥스타터에서 성공하는 많은 혁신 제품의 산실로 자리 잡아가고 있다.

스페이스로, 실리콘밸리에서 태동해 전국으로 퍼져 나가며 매년 성장세가 가파르다. 테크숍은 3D 프린터부터 각종 제조설비와 기기, 하드웨어 생산을 위한 소프트웨어를 갖추고 있고, 누구나 이를 활용할 수 있다. 월 회비는 약 20만 원 정도로 그리 비싸지 않다. 다양한 교육 프로그램도 제공한다. 하드웨어 조작 방법을 배울 수 있는 것은 물론이고 창업에 관한 도움도 얻을 수 있다. 국내에도 '디지털 대장간' '성수 메이커스페이스' 등 일반인이 3D 프린터 등 다양한 장비를 가지고 아이디어를 시제품으로 구현해봄으로써 1인 제조업을 도모할 수 있는 공간이 속속 생겨나고 있다.

꼭 대량생산이 필요한 것도 아니다. 특정 고객을 위한 맞춤 제품을 만드는 데서 1인 제조업의 역할이 빛난다. 저성장 고실업 시대, 성장을 해도 고용이 담보되지 않는 시대, 로봇이 일자리를 대체해가는 시대이다. 결국 일자리는 계속 줄어든다. 이제 자기 일자리는 자기가 만들어내는 것이 중요한 숙제가 되었다.

1인 기업은 혼자서 하는 기업만을 얘기하는 게 아니다. 혼자서 장사하는 자영업을 1인 기업이라 할 수는 없다. 아울러 1인 기업은 혼자서만 해야 하는 것도 아니다. 1인 기업이 성장하면서 조직을 확충하여 기업화되기도 한다. 중요한 건 기업이 조직의 힘이라면 1인 기업은 개인의 힘이다. 즉 개인이 가진 전문성이 곧 콘텐츠가 되고, 서비스가 되고, 상품이 되어야 한다.

조직의 시대에서 개인의 시대로 전환되고 있다. 조직에 기대는 삶, 즉 직장인이 되어서 돈을 벌고 성취를 하는 것이 보편적이던 시대가 서서히 저물고 있다. 조직이 개인을 책임져주지 않는 시대, 결국 개인이 자기 자신을 책임져야 한다. 세상에 없던 것을 만들어내는 일에는 작은 조직이 더 유리할 때가 많다.

1인 기업은 특히 속도라면 누구에게도 뒤지지 않는다. 1인 기업으로 활동하는 개인들이 필요에 따라 서로 연대하는 것도 가능하다. 혼자서 때론 뭉쳐서 일하면서 기업들과 싸울 수 있다. 전에는 1인 기업이 프리랜서의 다른 이름처럼 쓰이는 경우가 많았는데, 자유롭게 일한다고 1인 기업이 되는 게 절대 아니다. 1인 기업은 시간의 자유로움에서가 아니라 전문성과 가성비에서 경쟁력이 있어야 한다. 그렇지 않고서는 허울만 1인 기업일 뿐, 일의 연속성이 보장되지 않는 프리랜서거나 기업에 하청받듯 잠시 프로젝트에 연결되어 있는 단기 계약직과 다를 바 없다.

1인 기업은 점차 선택이 아닌 필수가 되어가는 상황이다. 50세 전후로 다니던 직장에서 퇴직하고 80세까지 일해서 수입을 올려야 하는 라이프 사이클이 보편화되고 있다. 일생에서 누구나 한두 번은 혹은 어떤 이는 처음부터 평생토록 자신의 이름을 내건 1인 기업을 운영해야 하는 시대가 이미 도래했다.

누구나 언젠가 한 번은 1인 기업가가 되어야 한다면, 직장에서 밀려난 뒤 차선으로 택할 일이 아니다. 1인 기업을 창업할 분야를 미리 선정하고 충분히 준비한 뒤, 직장과 당당히 결별하고 과감하게 사업을 시작할 시점을 계획해 둬야 한다.

1인 기업. 자신이 사장이자 직원이고 마케터고 홍보자이며 기획자이고 연구개발 담당자인 회사. 샐러리맨 시절 그대는 언더 독이었을지 모르나 언제고 한번 반드시 몸담아야 할 자기 회사에서는 꼭 탑 독이 되기 바란다. 건투를 빈다.

Part 4

영 포티의 숙명

가진 것 없어서 더 강력한 도전이 절실한 사람들이
언더 독이라면, 지금 다가오는 구조조정의 위기에
가장 큰 위협을 받는 세대이면서, 뉴 노멀 시대의
새로운 변화를 이끌 원동력인 사람들이 있다.
바로 영 포티다. 지금의 40대는 가장 많은 과도기를
겪은 세대이다. 외환위기 당시 20대 사회 초년생으로
시작해 가장 많은 결별을 지켜보아왔다.
이제 이들에게 결별을 주도하며 우리 사회를
바꾸어야 할 미션이 주어졌다.
영 포티, 그들은 누구인가?

08

변화의 시대를 살아온
특별한 세대

젊은 언더 독의
파트너

가진 것 없어서 도전이 절실한 이들이 언더 독이라면, 구조조정의
위기에 가장 노출된 세대이면서 뉴 노멀 시대의 새로운 변화를 이끌
원동력인 사람들이 있다. 바로 영 포티Young Forty다. 영 포티라는 개
념은 필자가 쓴『라이프 트렌드 2016: 그들의 은밀한 취향』에서 처음
소개했다. 이후 사회적 관심이 촉발되면서 이들에 대한 다양한 해석
과 분석이 시도되고 있다.

"X세대이면서 2차 베이비붐 세대인 이들은 지금 40대다. 하지만
과거의 40대와는 다른, 역사상 가장 어린 40대다. 그래서 이들을
영 포티라고도 부른다. 연령대별 소득은 40대가 가장 많고, 소비력
또한 40대가 가장 높다. 가장 많이 벌고, 가장 많이 쓰는 사람들인

거다. 하지만 장기 불황을 맞아 구조조정의 칼날 앞에 직접 노출된
것도 이들이다."

— 김용섭, 『라이프 트렌드 2016: 그들의 은밀한 취향』 중에서

영 포티는 많은 과도기를 겪은 세대이다. 외환위기 당시 20대 사
회 초년생으로 시작해 가장 많은 결별을 지켜본 이들이 지금의 40
대이다. 이제 영 포티에게 결별의 주체가 되는 미션이 주어졌다. 언
더 독의 도전이 세상을 바꾸기 위해서는 이들을 끌어주고 밀어줄 사
람이 필요하다. 한국 사회에서 이 역할을 맡을 세대는 누구일까? 영
포티다. 이건 영 포티의 숙명이다. 그들 스스로 언더 독의 일원이 되
어 도전할 수도 있고, 2030세대 언더 독들의 도전에 힘이 되어줄 수
도 있다. 영 포티가 뭐길래, 그런 중책을 맡아야 하느냐고? 영 포티
가 하지 않으면 한국 사회에서는 누구도 그 역할을 대신할 수 없거
니와, 아무도 하지 않으면 결국 모두가 기회를 놓치기 때문이다.

먼저 현재 한국의 40대가 어떤 특수한 위치에 서 있는지 확인해
보기로 하자.

부자는 대대로 물려받은 부자와 자수성가한 부자의 두 그룹으로
나눌 수 있다. 현재 한국의 대물림 부자는 주로 재벌그룹의 자녀들
이고, 자수성가한 부자는 대개 IT 창업으로 성공한 이들이다. 대물
림 부자에 해당하는 재벌그룹과 대기업 오너들의 3,4세 경영자들 중
많은 이들의 출생연대가 1968~1977년에 분포한다. 40대들이다. 대
표적인 이들이 이재용 삼성전자 부회장, 이부진 호텔신라 사장, 이

서현 삼성물산 사장, 정용진 신세계 부회장, 정유경 신세계 사장, 정의선 현대자동차 부회장, 정지선 현대백화점그룹 회장, 조현준 효성 사장, 조현범 한국 타이어 사장, 조원태 대한항공 대표이사 등이다. 이들 외에도 재벌가 오너들의 3,4세들과 그들의 사촌까지 포함하면 그 수는 생각보다 훨씬 많다. 아울러 IT 열풍을 타고 부를 거머쥔 벤처 기업가들이 많이 등장했는데 이들도 상당수가 40대이다. 특히 1970~74년생을 전후로 한 그룹이 부각된다. 결국 대물림했건 자수성가했건 상관없이 1970~74년생, 좀 더 확장하면 1968~1977년생들이 현재 한국의 부를 가진 주요 세대라 할 수 있다.

이들은 한국의 본격적인 유학 세대기도 하다. 삼성, 현대 등 재벌가 3,4세들은 대부분 유학파이고, 자연스럽게 글로벌 마인드에 익숙한 환경에서 자랐다. 이들이 선진국의 첨단 기술과 문화, 경영 경험을 더 먼저 받아들이는 건 당연했다. 40대는 비단 재벌가 자녀들이 아닌 일반인들도 유학을 본격적으로 떠났던 세대이다. 1989년 해외여행 자유화 이후 외국에 나가는 것이 자유로워지기 시작했고 1980년대 후반과 1990년대 초반 들어 유학에 대한 관심이 일반인들에게도 확대되었다. 그렇기에 이 세대가 나중에 부모가 되었을 때 자녀를 조기유학 보내고 기러기 가족을 감수하는 건 자연스러운 현상이다. 이렇듯 현재의 40대는 우리 사회에서 글로벌 마인드를 가장 앞서서, 보편적으로 받아들인 세대이다.

아울러 40대는 컴퓨터를 먼저 받아들인 세대이기도 하다. 한국에는 1982년에 8비트 컴퓨터가 처음 출시되었다. 40대는 당시 초등학생들이었다. 이전 세대가 누리지 못했던 새로운 기술문명을 받아들인 덕분에 이들은 이후 PC 통신을 거쳐 인터넷도 선두에서 받아들인 세대가 된다. 한국의 IT 얼리어답터 1세대가 바로 1970~74년생들이다. 그래서 이들은 40대가 되었음에도 새로운 기술을 받아들이는 데 거부감이 적고 적응력도 높다. 한국의 인터넷 비즈니스를 만들고, 이를 본격적으로 소비한 것도 이들 세대가 중심이었다. 다음, 네이버를 비롯한 포털에서부터 엔씨소프트를 필두로 한 온라인 게임과 온라인 쇼핑, 각종 온라인 콘텐츠 등을 이 땅에 뿌리내리는 데에는 이들의 역할이 중심적이었다. IT의 연장선상에서 디자인에 대한 관심도 40대에서 부각되었다. 명품이나 수입차 등을 본격 소비하거나 국내에서 사업화하는 일에서도 이들 세대가 선도적이었다. 많이 누려본 이들이 더 잘할 수 있는 비즈니스였던 것이다.

먹고살기 바빴던 베이비붐 세대와 민주화를 최고 과제로 집중했던 386세대와 달리, 영 포티인 지금의 40대는 먹고살 만한 세상에서 유년시절을 보내고, 컴퓨터와 영어를 일찍 접하고, 군사정권 종식과 민주화의 가시적 성과를 청소년기와 청년기에 누렸다. 그들이 이전 세대보다 조금 더 자유롭고, 조금 더 개인주의적이고, 보다 글로벌하고, 하이테크적이고, 소비적이며, 좀 더 과감한 도전을 선호하는 것은 당연했다. 과거 세대가 산업화와 성장, 그리고 민주화에 집중했다면 이들은 선진국을 꿈꾸는 세대였다. 선진국을 쉽게 접하며 외국 문화, 첨단 기술, 새로운 유행과 소비도 받아들인 영 포티는 과거 세대가 누리지 못한 것을 누린 만큼, 이전 세대가 할 수 없었던 일을 감당해야 하는 과제를 짊어지게 된다.

역사상 가장 젊은 40대,
강남좌파의 주축

경제적으로 부유하면서도, 부자 증세를 주장하는 정당이나 정치인을 지지하고 시대정신이 강하여 자신의 개인적 이익보다 사회 전체의 이익을 우선시하는 이들을 일컬어 강남좌파라고 부른다. 강남좌파라는 말에는 두 가지 상반된 의미가 있다. 초기에는 정치적으로는 좌파이면서 개인적으로는 강남의 삶을 지향하는 행태를 꼬집는 말로 쓰였다. 강준만 교수가 386의 모순된 행태를 비판하면서 이 용어를 사용했기 때문이다. 그러나 최근에는 고학력 고소득층이자 사회 기득권층이지만 자신들의 직접적 이해관계가 아닌 사회 진보적 의제와 인권에 적극 관심을 두는 사람들을 일컫는 말로 주로 쓰인다.

　강남좌파는 고학력, 고소득 전문직에 많이 포진해 있다. 이들이 만들고 싶은 사회라는 것은 사실 선진국에서 이미 통용되는 합리적이고 실용적인 글로벌 스탠더드 수준이다. 한국의 강남좌파에 1970~74년생을 중심으로 한 X세대가 많이 포진해 있는데, 어학연수 1세대이자 본격적인 유학 세대로서 해외 문화 수용에 가장 적극적인 세대라는 점과 무관하지 않다. 이들이 외국에 나가서 영어만 배운 게 아니다. 선진 사회와 문화를 접하면서 글로벌스탠더드에 대한 감각을 이식받아 온 것이다. 그래서 자신들이 좀 더 세금을 낼 용의가 있고 부자에게 일방적으로 유리한 사회 제도들을 개선하는 일을 기꺼이 지지하겠다는 태도를 보이는 것이다.

강남좌파는 우리만의 현상이 아니다. 미국도 마찬가지다. 2004년 미국 대선에서 이른바 부자 주라고 불리던 뉴욕, 코네티컷, 캘리포니아, 매사추세츠 등에서 민주당이 더 많은 표를 얻었다. 부자 주는 공화당 지지, 가난한 주는 민주당 지지란 공식이 깨진 셈이다. 물론 부자라고 해도 다 같지는 않다. 제조나 유통, 건설 등 전통 산업 종사자나 지역 유지 같은 토착 부자들은 여전히 공화당을 압도적으로 지지한다. 이에 반해 벤처기업가, 의사, 변호사, IT 전문가, 교수, 디자이너, 연예인 등 고소득 전문직 종사자가 많이 사는 대도시의 신흥 부자들은 민주당 지지세가 강하다. 전통적인 부자에 비해서 이들은 부자 증세 문제에 덜 민감한 반면 문화 정책이나 인권, 양성 평등, 사회복지 등에 관심이 크다.

스탠퍼드대 정치학과 교수 애덤 보니카는 미국 선거관리위원회에 신고된 선거자금 데이터를 바탕으로 유권자의 직업과 정치 성향을 분석했는데, 하버드대, 스탠퍼드대, 버클리대, 예일대 등 대학을 비롯한 교육기관과 타임워너 같은 엔터테인먼트 회사, 애플과 구글 같은 IT 회사 등에 종사하는 이들이 민주당 후보에게 후원금을 더 많이 낸 것으로 드러났다.

2012년 대선 당시 방송3사 출구조사에 따르면, 1970~74년생들인 40대 전반 연령대에서 문재인 후보의 득표율이 박근혜 후보보

386이 아니라 **영 포티다**

선거 결과만 놓고 보면 현재 한국 사회에서 보다
민주적이고 진보적인 세대는 386이 아니라 40대, 영 포티다.

다 2배가량 높았다. 40대 후반에서는 두 후보가 거의 비슷한 득표율을 보였다. 50대 전반 연령대로 가면 박근혜 후보가 문재인 후보를 득표에서 압도한다. 선거 당시 40대 후반에서 50대 전반까지는 386세대가 다수 포진한 연령대다. 87년 민주항쟁의 주역이었고 김대중과 노무현 정권 때 주류 정치권에 상당수 진출해서 입지를 다졌다. 하지만 나이를 먹으면 정치 성향도 바뀜을 단적으로 보여준 이들이 386세대를 중심으로 한 60년대생들 아닐까 싶다. 386세대로서는 서운하게 여기겠지만, 지난 대선을 놓고 보면 이런 평가는 결코 비약이 아니다.

최근년간 선거 결과들은 영 포티인 1970년대생들이 각종 선거에서 일관되게 상대적으로 진보적인 후보를 지지해 왔음을 증명한다. 선거 결과만 놓고 보면 현재 한국 사회에서 보다 민주적이고 진보적인 세대는 386이 아니라 영 포티다. 다만 한 가지 분명히 해둘 점은, 그렇다고 40대를 과거 기준의 진보나 좌파라 생각해서는 안 된다는 것이다. 영 포티는 추상적인 진보냐 보수냐의 구분보다 합리와 실용에 좀 더 주안점을 둔다. 선거 참여 정당 중 좀 더 합리적이고 실용적으로 보이는 정당을 지지하고 있을 뿐, 전통적인 좌파로 해석할 수는 없다.

영 포티의 6가지 특징

필자가 『라이프 트렌드 2016: 그들의 은밀한 취향』에서 소개한 영 포티의 6가지 특징을 요약해 본다.

첫째, 내 집 마련에 집착하지 않는다. 내 집 마련에 인생을 저당 잡히는 삶에 거부감이 강하다. 영 포티는 재테크 신드롬의 수혜자는 자신이 아니라 금융업계, 건설업계, 부동산업계라는 것을 이해할 정도의 경험과 지식을 갖췄다. 이는 경제적 관점과도 연관되는데 영 포티는 빚도 자산이라는 시각에서 벗어나, 빚지는 삶을 거부한다. 집을 투자 대상이나 재산으로 바라본 기성세대와 달리 거주할 생활 공간으로 본다. 부동산 불패 신화를 무너뜨린 일등공신도 이들이다. 집을 가장 열심히 사줘야 할 40대가 내 집 마련에 대한 집착을 버렸기 때문이다.

둘째, 이념보다는 합리와 상식을 더 우선시한다. 한국 현실에서는 진보적 정치 세력이 그나마 조금 더 합리적이고 상식적이어서 영 포티가 상대적으로 진보 진영을 지지하는 것이라 볼 수 있다. 집권 여당인 새누리당이나 제1야당인 새정치민주연합이나, 영 포티의 눈에 차지 않기는 마찬가지다. 영 포티의 표심을 공략하기 위해서라도 정치성을 걷어내고 좀 더 실용적이고 합리적인 정책들을 고민해야 한다. 고용과 복지 등 실질적으로 중요한 문제에 대한 정책에서 누가 더 실용적이고 합리적이냐가 중요하다.

셋째, 결혼과 출산에 대한 관성에서 자유롭다. 결혼과 출산을 필수에서 선택으로 바꾼 첫 세대가 영 포티다. 결혼하지 않은 40대, 결혼했다가 돌싱이 된 40대, 결혼은 했어도 아이를 낳지 않는 딩크족이 점점 증가하고 있다. 기성세대의 관점으로 보면 불안정해 보이겠지만, 영 포티에겐 새로운 라이프 스타일일 뿐이다. 이들은 자신의 지향에 따라 주도적으로 선택한 삶에 좀 더 관심이 크다. 가사 분담은 기본이고, 육아휴직을 서로 번갈아 쓰는 것도 적극 고려할 정도로 양육 분담을 중요하게 생각한다.

넷째, 현재에 충실하다. 미래를 위해 현재의 행복을 포기하지 않으며, 가족과 함께 보내는 시간을 원한다. 재테크보다는 소비에 관심이 많고, 여행도 더 많이 다니고, 문화생활에도 열심이다. 기성세대들이 퇴직을 하면서 창업에 관심을 가졌다면, 영 포티는 외부 상황보다는 자신이 원하는 목표를 위한 창업에 더 주도적이다.

다섯째, 형식과 허울, 체면치레를 그다지 중시하지 않는다. 형식보다는 내용, 실리, 실용성을 중시한다. 권위적이지 않고 쿨하다. 남눈치를 전혀 안 볼 수는 없겠지만, 기성세대들처럼 남들 때문에 자신이 하고 싶은 일도 못 하는 삶은 살지 않는다.

여섯째, 트렌드에 민감하다. 과거 왕성한 소비 문화 세대였던 X세대로서 발휘한 흐름을 나이가 들어서도 여전히 이어간다. 새로운 것에 대한 거부감이 적고 수용 능력도 좋다. 디지털 기기나 기술 문화를 적극 받아들이기 때문에 2030들과도 잘 소통하고, 새로운 IT 비즈니스나 산업 변화에도 잘 적응한다. 수많은 과도기를 겪으며 다양한 적응을 경험한 세대여서 새로운 흐름이 닥쳐도 쉽게 도태되지 않는다. 영 포티가 앞으로도 한동안 한국 사회에서 영향력을 계속 발휘할 수 있으리라는 전망에는 이런 적응력과 트렌드 민감성이 큰 몫을 차지한다.

09

누가 당당한 결별을
주도하는가

영 포티는 한국 사회 진화를 위한 킹 핀이다

볼링에서 스트라이크를 얻으려면 맨 앞에 있는 1번 핀이 아닌 세 번째 줄 가운데의 1번과 3번 핀 사이로 보이는 5번 핀을 노려야 한다. 1번 핀을 헤드 핀이라고 하고 5번 핀을 킹 핀이라고 한다. 선두에 두드러진 헤드 핀보다는 숨겨져 있지만 주변과 가장 많이 연결되어 있는 핵심이 킹 핀이다. 볼링에서만 아니라 경영에서도, 조직에서도, 사회에서도 문제의 핵심을 쥔 킹 핀이 존재한다. 비즈니스를 하건 마케팅을 하건, 어떤 의도와 목적에서든 사회적 영향력을 만들어내고자 한다면 가장 먼저 타깃으로 삼아야 할 대상이 바로 지금 한국 사회에서의 킹 핀인 40대, 영 포티다.

1970년생을 기준으로 보면, 그들이 스무 살이 되었을 때인 1990년 당시 우리나라의 중위연령은 27세였다. 전체 국민들의 중간 나이가 27세였으니 사회 전체가 꽤 젊었던 셈이다. 1970년생이 20세가 되었을 때부터 그들은 이미 사회의 중위연령과 동 세대가 된 것이다. 이들이 30세가 된 2000년에 우리나라의 중위연령은 31.8세로 여전히 그들은 중위연령과 동 세대로서 점점 정 중앙에 가까워졌다. 2014년 그들의 나이가 44세가 되는 시점에서 중위연령은 40.2세가 된다. 여전히 그들은 중위연령과 동 세대이고 정 중간을 조금 넘어선 세대다. 영 포티는 이처럼 20년째 중위연령과 동 세대를 유지하면서 가장 긴 청년기를 누리는 셈이다. 우리나라에서 이렇게 긴 청년기를 누린 세대가 또 있을까? 인구구조상 앞으로 다시 나오기 불가능한 특별한 세대다. 이들에게 40대는 중년이 아닌 청년기일 따름이다. 나이를 먹어 40대에 진입했어도 젊은 시절 누렸던 욕구와 감성을 유지하는 경향이 강할 수밖에 없다.

누가 40대의 변신을 두려워하는가

만일, 40대가 불혹 신드롬에 빠지고 가장 콤플렉스에 사로잡혀 안정과 보수에 동조한다면 누가 가장 좋아할까? 보수적 정치 세력이나 재벌 기업들에게는 반가운 일일 것이다. 40대가 안정과 보수로 기울면 가장 큰 이익을 향유할 집단들이다. 40대가 보수화하느냐 변화와 혁신을 추구하느냐는 한국 사회를 좌우할 중요한 문제다.

영 포티는 대체로 개혁적인 성향이 두드러지는데 과거에 비해서 결혼 시기가 늦어진 것도 이런 성향과 무관하지 않다. 40대가 되었어도 결혼을 하지 않은 이들이 많아진 데다가, 결혼을 한 사람들도 늦은 결혼과 출산으로 자녀가 아직 어리다. 사교육비를 본격적으로 부담할 시기가 아직 안 된 셈이다. 그러다 보니 현재의 영 포티는 과거의 40대에 비해서 좀 더 변화와 도전에 관대할 수 있다.

한번 안정과 보수의 관점으로 세상을 바라보기 시작하면 다시 변화의 관점으로 되돌아오기 어렵다. 20대는 변화에 아주 민감하고 관대하다. 가진 것도 없고 이룬 것도 없기 때문이다. 하지만 40대는 다르다. 기득권을 많이 가진 사람들일수록 변화에 대해 계산기를 두드릴 수밖에 없다. 세상 모두에게 이익이 되더라도 막상 자신에게 손해가 되는 변화라면 그걸 과감히 지지하기는 어렵다. 오히려 변화를 막기 위해서 애쓰기 쉽다. 기득권을 가진 기성세대가 보수적인 관점을 가지는 건 변화에 대한 두려움이자, 그 변화가 자신에게 미칠 손해를 경계하기 때문이다.

보수나 진보나 가릴 것 없이 모든 정치권은 계속 젊은 세대를 공략하려 한다. 상대적 후발주자이자 힘에서도 취약한 진보 세력 입장에서는 변화에 관대하고 자신들의 정책과 정치성에 우호적인 젊은 세대를 통해서 입지를 확대하고자 한다. 기득권자이자 힘에서도 우위를 점한 보수 입장에서는 이미 확보해놓은 기성세대의 견고한 틀에다가 젊은 세대를 최대한 확보하면 장기적 입지를 더 견고하게 할 수 있다. 정치는 편을 만드는 게임이다. 40대를 최대한 빨리 안정 지향적인 보수 관점으로 넘어오게 하느냐, 최대한 늦게 넘어가게 하느냐에 따라 서로 다른 정치 세력 간 이해가 엇갈린다.

영 포티의 등장으로 40대가 2030 시절의 속성을 그대로 유지하고, 그 영향이 50대에까지 미친다고 생각해보자. 그런 상황에서는 보수도 현재보다는 훨씬 더 합리적이고 상식적인 수준의 정책을 추진할 것이다. 결국 영 포티가 어떤 정치적 성향을 발휘하는가에 따라서 한국 정치의 흐름이 요동친다.

머리는 앞서가도 몸이 따라주지 않은 386세대

1960년대에 태어나 80년대에 대학을 다닌 이들을 386세대라 부른다. 십여 년 전 사회는 이 세대를 주목했다. 386은 40대가 되면서 세상을 바꿀 주요한 수단으로 정치를 선택했다. 정치권에 진입한 30대 후반과 40대 초반의 젊은 피들이 김대중, 노무현 정권으로 이어지는 정치적 기회 속에서 많은 목소리를 냈다. 하지만 세상을 바꾸는 방법으로 정치는 그렇게 만만하지 않다. 50대 이상의 완고한 기성세대와 기득권 세력들은 더 큰 정치적 영향력과 현실 세계에 대한 지배력을 가지고 있다. 그들과 정치라는 무대에서 싸우는 일은 절대 호락호락하지 않다. 조중동을 필두로 하는 보수 언론사들의 견제에 더해 정치, 경제, 사회, 문화 전반에 또아리를 튼 기득권의 공격은 아주 강력하고 지속적이다.

견고한 벽에 패기와 젊음으로 맞선 386의 도전은 세상을 바꿨던가? 결론부터 얘기하자면, 그렇지 못했다. 386은 구호는 진보적이었을지 몰라도 막상 그들의 일상에서는 꽤 보수적이었다. 말로는 양성평등을 얘기해도 그들 스스로 가부장적 권위와 남성 우월주의에서 자유롭지 않았다. 386은 그런 환경에서 자라왔기에 머리는 깨달았을지언정 몸이 바뀌지 못했다. 386이 몸보다 머리가 중요한 정치에 뛰어들어 세상을 바꾸겠다고 한 것은 어쩌면 지극히 당연한 선택이었을지도 모른다.

어쨌든 몸이 따라주지 않은 386의 도전은 쉽지 않았다. 세상에 제일 어려운 것이 누가 이미 오랫동안 견고하게 쌓아놓은 터에서 구세력을 밀어내고 뭔가를 새로 시작하는 것이다. 아무도 없는 황무지에서 시작하는 것보다 몇 배는 더 힘들다. 저항과 반발, 공격이 있기 때문이다. 오히려 지금의 40대 영 포티가 세상을 바꿀 가능성이 훨씬 크다. 시민의 일상과 어느 정도 괴리감을 지닌 정치라는 영역이 아닌 소비를 비롯한 사회문화적 영역, 일상과 생활의 영역에서 실질적인 영향력을 발휘해 나가고 있기 때문이다.

지금의 40대, 즉 영 포티는 한국 사회의 바로미터이자 변화의 중심 세력이다. 기업의 변화, 조직의 변화, 비즈니스의 변화 등 모든 현장에서 40대는 중심축일 수밖에 없다. 이런 40대가 우리 사회가 직면한 과제들에 적극 참여하는 것은 당연하다. 스타트업에서, 정치적 변화에서, 낡은 구습과 결별하고 상식과 인간의 권리가 존중되는 사회문화를 위해서 적극적으로 나서야 하는 것이 영 포티다. 40대의 도전이 필요하다. 영 포티 자신을 위해서도, 그리고 한국의 미래를 위해서도.

공자의 '불혹' 이제는 버릴 때다

마흔이 된다는 것은 그냥 나이를 먹어서 앞자리 숫자가 4로 바뀐다는 단순한 의미가 아니다. 마흔은 인생에서 가장 나이 먹는 것을 크게 자각하는 시기가 아닐까. 서른 된 지 엊그제 같은데 어느 순간 마흔까지 쏜살같이 간다. 오히려 쉰이나 예순, 일흔으로 넘어가면 나이 먹음에 좀 더 관대해질지 모르지만, 마흔은 그렇지 못하다. 서른을 넘기면서는 그저 어리둥절했는데 벌써 마흔이 되고 나면 늘 청춘 같은 마음에 살짝 불안감과 묘한 긴장감이 밀려든다.

　인생 전체에서 보면 사람들이 가장 왕성하게 일할 때가 사오십대다. 가장 스트레스가 많을 때이기도 하다. 어떤 연령대가 가장 많이 이혼할까? 안타깝지만 40대다. 통계청의 이혼 통계를 보면 40대가 압도적 1위다. 우리나라는 OECD 국가 중 자살률에서 압도적 1위인데, 그중에서도 특히 40대 기혼 남성을 자살 고위험군으로 꼽는다. 과로사도 주로 40대가 많다. 한 개인의 라이프 사이클에서 소득이 가장 높아지는 연령대도 40대다. 자연히 소비에도 더 적극적일 수 있는 시기이다. 직장에서 승진과 퇴사의 갈림길에 놓이거나, 새로운 도전을 위해 이직과 창업의 갈림길에 서거나, 이민이나 기러기 가족에 대한 고민 앞에 서는 등 새로운 선택을 해야 할 시기도 이때다. 가장 버라이어티한 시기가 40대인 것이다.

마흔이라는 나이를 앞두고 사람들이 숙연해지는 데에는 우리가 배워온 마흔에 대한 선입견도 한몫한다. 가장 대표적인 것이 불혹不惑이란 말이다. 공자가 『논어』 「위정편爲政篇」에서 말한 불혹은 세상일에 정신을 빼앗기지 않고 세상의 온갖 유혹에도 흔들리지 않는 나이다. 마흔을 유혹을 이겨내는 나이로 표현한 것을 보면, 공자 시대에 마흔은 유혹이 꽤 많았던 것으로 짐작할 수 있다. 사실 공자는 나이 40에 이미 유학의 일가를 이룬 사람으로 많은 후학의 스승이자 춘추시대 여러 나라 군왕들이 앞다투어 모셔서 고견을 듣고자 하던 명망 높은 인물이었다.

이룬 게 없는 사람, 가진 게 없는 사람에겐 솔직히 세상도 유혹하려 덤비지 않는다. 잃을 게 있다는 것은 그만큼 가진 게 있다는 의미이다. 겁 없는 도전자의 입장에만 서다가 이제는 생각할 게 많은 수비자의 입장으로 전환되기 시작한다는 뜻을 담는 것이 공자의 불혹이다. 그런데 요즘 시대의 마흔이 인생에서 뭔가를 이뤄서 수비자의 입장을 가질 나이인가? 정말 당신의 마흔은 그런 의미가 될 수 있다고 생각하는가?

공자는 기원전 551년에 태어나서 479년에 타계했다. 즉, 지금으로부터 2500년 전에 살던 사람이란 얘기다. 공자는 당시로써는 천수를 다 누렸다고 해도 과언이 아닐 72세까지 살았다. 당시는 평균수명이 겨우 20대에 불과하던 시대였다. 고대 그리스나 로마 시대도 평균수명 20대 정도였고, 1900년대에 와서야 선진국에서 평균수명 40세를 넘어섰다. 물론 영유아 사망이 많고 전쟁으로 인한 사망도 많다 보니 평균수명이 이렇게 낮게 나오는 것이어서, 막상 성인이 될 때까지 살아남은 이들의 수명은 평균보다는 훨씬 높은 편이긴 했다. 조선왕조실록에 따르면, 조선시대 사람들의 평균수명이 44세 정도이고, 당시 왕들의 평균수명도 47세 정도에 불과했다. 아무튼 공자 시대나 조선시대나 40세라는 나이는 살 만큼 살았고 인생에서 정점을 이룬 나이라는 것을 짐작할 수 있다.

불혹이란 말을 공자가 사용했던 시대나, 공자의 영향력이 막강하던 조선시대가 이미 오래전에 역사 속으로 사라졌음에도 불구하고 우리는 여전히 불혹이란 이미지에서 벗어나지 못하고 있다. 그만큼 공자의 영향력이 시간을 초월해 우리에게까지 미치고 있다는 의미이기도 하지만, 다른 한편으로 우리가 40대를 바뀐 시대에 맞는 새로운 모습으로 규정하지 않고 과거의 관성과 선입견 속에 가둬두고 있다는 방증이기도 하다. 공자가 말한 40은 우리가 겪는 마흔이란 나이와는 다를 수밖에 없다. 거기다가 불혹이란 말도 공자 본인의 경험에서 우러난 말이다. 공자는 자신의 일생을 돌아보며 이렇게 얘기했다.

吾十有五而志于學 나는 15세에 학문에 뜻을 두었고,

三十而立 30세에 자립했고

四十而不惑 40세에 세상의 유혹에 넘어가지 않고

五十而知天命 50세에 하늘의 뜻을 알게 되었고

六十而耳順 60세에 누가 뭐라 해도 귀에 거슬림이 없었고,

七十而從心所欲 不踰矩 70세에 마음에 따라 행동해도 법도에

어긋나지 않게 되었다

여기서 바로 지학志學(15세), 이립而立(30세), 불혹不惑(40세), 지천명知天命(50세), 이순耳順(60세), 종심從心(70세)이란 말이 나왔다. 학교 다닐 때 배워 귀와 입에 익을 정도로 각인된 이 말은 사실은 공자의 인생을 압축한 것이었다. 우리는 결코 공자가 아니다. 그리고 공자가 살던 시대에서 2500년이 경과한 엄청난 미래에 살고 있다. 역사상 가장 젊고 어린 40대들이 등장했다. 옛날의 40이면 빠른 사람들은 손주도 볼 나이다. 현대로 넘어와 이삼십 년 전만 하더라도 마흔은 인생의 중반을 넘어서 후반으로 가기 위한 단계였다. 결혼해서 안정된 가정을 이룬 시점이다. 하지만 지금은 결혼하지 않은 자발적 싱글인 마흔도 많다. 잘 다니던 직장에서 뛰쳐나와 창업을 하겠다고 도전하는 40대도 있다. 벤처 창업 지원프로그램에서 청년의 나이는 40세까지로 규정한다.

자, 그럼 지금도 마흔을 불혹이라 여겨야 할까? 복지부동하며 안주하는 나이로 봐야 할까?

우리에게 마흔은 아직 이룬 것을 흔들림 없이 지키기만 할 시기가

아니다. 공자가 요즘 다시 태어났다면 적어도 불혹을 최소한 60 이상에 갖다 붙였을 것이다. 요즘 마흔은 세상의 유혹에 흔들리지 않는 나이가 아니라, 아직 아무도 유혹해주지 않는 나이라고 해야 할 정도다. 멈춰 서서 귀를 닫고 눈을 막는 나이가 되어서는 안 된다. 그러기에는 너무 젊다. 아직 새파란 청춘이다. 많은 것과 결별하고 새로운 것을 시작할 나이이다. 관성 앞에 주저앉기엔 남은 인생이 너무 길다.

왜 영 포티가 나서야 하는가

블룸버그의 기술투자펀드 블룸버그 베타는 UC버클리 하스경영대학원과 함께 2005년 이후 실리콘밸리와 뉴욕에서 창업한 스타트업 및 IT 사업가들을 조사했다. 이 조사에 따르면 창업을 시작한 평균 나이는 38세였다. 그들은 만 나이이고 군 복무 의무가 없는 것을 감안하면, 한국이라면 40세가 스타트업을 시작하기 딱 좋다는 이야기다. 이 조사에서는 또 평균 학력은 석사, 창업 전 평균 직장 근무 기간은 16년인 것으로 나타났다.

미국 엔젤투자사 퍼스트 라운드가 10년간 스타트업에 투자한 결과도 살펴보자. 명문대나 대기업 출신 창업 멤버가 포함된 스타트업은 다른 곳보다 성과가 배 이상 높은 것으로 나타났다. 미국 명문대인 스탠퍼드대, 매사추세츠공대, 캘리포니아공대 등 아이비리그 졸업생 출신 창업 멤버가 속한 스타트업은 다른 곳보다 성과가 220퍼센트 더 좋았다. 퍼스트 라운드의 포트폴리오사 중 38퍼센트는 아이비리그 출신 창업팀이었다. 아마존, 애플, 구글 등 대기업 출신 멤버가 속한 창업팀의 성과도 다른 팀에 비해 160퍼센트 높았다. 이런 창업팀들은 초기 투자 시 다른 스타트업에 비해 50퍼센트 이상 높은 기업가치를 인정받았다. 네트워크, 기본 실력 등이 고려된 것이다.

2010년 4월 샤오미 창업 당시 레이쥔은 자신을 포함한 총 7명의 전문가로 팀을 구성했다. 린빈은 MS와 구글을 거친 소프트웨어 엔지니어였으며 저우광핑은 모토로라 수석 엔지니어 출신의 하드웨어 전문가였다. 리완창은 레이쥔과 킹소프트에서 10년 넘게 한솥밥을 먹은 프로그래머였다. 구글차이나에서 연구개발팀을 이끌었던 홍펑, MS 수석 엔지니어 황장지, 베이징 과학기술대 공업디자인과 학과장 류더까지 각 분야에서 최고의 실력을 자랑하는 7인이 공동 창업한 회사가 바로 샤오미다. 이들 공동 창업자들의 평균 연령은 40세 이상이었다. 당시 레이쥔의 나이는 41세였고 창업 전 소프트웨어 업계 경력만 20년이었다. 샤오미는 십 년 이상의 경력을 지닌 40대 전문가들이 모여 창업함으로써 성공 가능성을 높였다.

40대는 중년이 아니라 청년이다. 청년 창업에 나서도 전혀 늦지 않다. 평생직장이 사라진 시대에 정년이 무슨 의미가 있겠는가. 산업의 변화 주기가 점점 짧아지면서 사업 전환은 더 자주 이뤄지고, 구조조정은 일상적으로 진행된다. 등 떠밀려 나가는 뉘앙스의 사오정이란 말로 자신들을 규정할 나이가 아니다. 오히려 '사오탈'이 되어야 한다. 늦어도 45세까지는 첫 번째 직장에서 탈출해야 한다는 의미로 말이다.

능력 있는 40대들이 스타트업을 위해 대기업이란 안정된 조직과 당당히 결별해야 한다. 물론 모두가 그럴 필요는 없다. 스타트업을 통해 세상에 새로운 가치를 만들어내고 싶거나, 인생의 새로운 도약을 원하거나, 기업에서 충분히 실력을 검증받은 이들이 주로 나서야 한다.

대기업에서도 자리가 위태위태하고 사표를 쓰면 세상은 지옥이라 여기는 이들은 그냥 조직에 남아 있는 게 낫다. 그들은 어떤 외압에도 그냥 꿋꿋하고 당당하게 자리를 지키며 버텨야 한다. 시원하게 사표 던지는 것만이 당당한 결별은 아니다. 체면이나 허세를 위해 능력도 안 되면서 함부로 사표를 쓰는 어리석음도 결별의 대상이다. 경쟁력이 있다 자부한다면 당당한 결별을, 그렇지 않고 자신의 능력에 회의적이라면 오히려 당당한 버티기를 택하라. 모두가 세상을 바꿀 필요는 없고, 그럴 수도 없거니와 그래서도 안 된다.

40대와 2030이 결합한 스타트업 모델

뉴 노멀 시대에 성장의 원동력은 스타트업이다. 새로운 기업이 등장해 새로운 고용을 창출하고 새로운 기회를 만든다. 기존 기업들이 고용을 책임지던 시대는 끝났다. 기존 기업들은 사업 구조조정을 통해 인력을 오히려 줄이는 상황이다. 경제성장과 고용 증대를 위해서는 스타트업 시도가 더 많이 필요하다. 바로 40대 영 포티들이 담당해야 할 일이다. 충분한 비즈니스 경험과 함께, 변화에 대한 적응력까지 갖춘 세대는 한국에서 영 포티들이 유일하다. 패기와 열정만 넘치는 2030, 경험은 풍부해도 변화에 둔감한 5060보다는 40대가 창업의 주축이 될 수밖에 없다. IT 기술과 문화에도 능숙하고, 살면서 숱한 변화의 순간을 격렬하게 겪어온 40대가 과감히 스타트업에 도전하고 사회도 이를 적극 지원해 주어야 대한민국의 미래가 열린다.

지금은 세상의 새로운 판이 만들어지는 시기다. 경제도 산업도 정치도 사회도 다 과거의 기준이 무너지고 새로운 기준과 상식이 구축된다. 많은 위기도 닥쳐오지만 또한 가장 많은 기회가 열리는 시기 아닌가. 이 천금 같은 시기를 넋 놓고 지켜보기만 하다 놓치고 후회할 것인가?

대학을 갓 졸업한 이들에게 청년 창업을 종용하는 것이 지금 한국의 현주소다. 청년 실업의 구제책이 창업인 양 부추기고 막대한 자금을 지원하지만, 사실 한국에서 청년 창업이 성공하기는 정말 어렵다. 미국 대학생들이 중퇴하거나 졸업 후 바로 창업한다고 이를 한국의 학생들에게 기계적으로 적용하는 건 곤란하다.

한국의 학생들은 태어나서 대학 들어가기 전까지는 오로지 진학만을 목표로 살아간다. 취미며 개인적 관심사, 사회 참여 활동 같은 건 논외일 수밖에 없는 청소년기를 거친 고등학생들에게 창의력, 문제 해결 능력, 도전력, 실행력을 쌓을 기회가 부족한 것은 당연한 일이다. 대학에 들어가도 스펙 쌓고 취업 준비에만 집중하는 현실이다. 미국의 대학생과 청소년이 어떻게 학창시절을 보내고 어떤 태도와 자질을 함양하는지는 보지도 않고 단지 청년 취업이 어렵다는 이유로 대학생이나 갓 졸업한 이들에게 창업을 부추기는 건 실로 무책임한 짓이다.

샤오미의 사례에서 살펴보았듯이 창업은 적절한 전문성과 조직력을 갖춘 팀이 필요하다. 창업팀을 청년들로만 꾸리라는 법은 없다. 청년들이 가진 건 뭘까? 열정과 패기 그리고 체력과 도전정신만큼은 어느 연령대보다 뛰어나다. 새로운 것을 받아들이는 속도도 빠르다. 특히 지금의 20대는 대한민국 역사상 가장 스펙이 좋은 세대라는 평이 나올 정도로 경험 부족을 메우기 위해 그들이 할 수 있는 노력은 최대한 기울였다. 40대가 PC 보급 초창기부터 컴퓨터를 익히고 업무에 적용한 세대라면, 20대는 디지털 본digital born 세대, 한마디로 디지털 환경 속에서 태어나 유년시절부터 디지털과 함께 자라온 세대이다. 디지털에 대한 적응력과 소셜 네트워킹 감각은 40대보다 뛰어나다. 다만 이를 비즈니스화하기에 필수적인 경험이 부족한 것이다. 앞에서 살펴보았듯이 미래는 덕후들과 테스테이셔널의 시대 아닌가.

청년들에게 부족한 경험과 전문성을 가지고 있는 것이 40대이다. 그렇다면 창업에 대해 조금 다른 각도에서 접근할 필요가 있다. 청

늦어도 45세까지는 첫 번째 직장에서 탈출해야 한다.

년들에게만 창업하라고 몰아붙일 것이 아니라 20대 청년과 40대의 결합 모델을 적극적으로 만들어주어야 한다. 사실 대학생이나 20대 대졸자들의 취업난만큼 40대들의 고용 불안도 크다. 그런 점에서 이들 두 세대는 공통분모가 있다.

세상의 경험을 쌓아 노련해진 40대와 투박하지만 패기로 무장한 20대의 결합은 흥미로운 시너지를 만들어낼 수 있다. 40대에겐 더 나은 도약을 위한 도전의 기회를, 20대들에겐 노련한 40대 선배들과의 팀플레이를 통해 일을 배우고 성장할 수 있는 기회를 제공할 것이다. 정부나 창업 관련 기관들은 이러한 결합으로 이루어지는 창업에 대해 적극적인 지원책을 세워야 한다. 가장 현실성 높고 생존 가능성이 높으며 성장성이 기대되는 스타트업 조건이기 때문이다.

경험도 다르고 인적이든 물적이든 창업 시 투자할 자산에서도 차이가 있는 40대와 20대가 회사를 함께 만들려면 여러 가지 걸리는 점이 분명 있을 것이다. 회사 지분은 어떻게 나눌 것이며 각자 역할과 직책은 또 어떻게 나눌지 등등 문제는 산적해 있다.

급여, 지분율과 같이 경제적 이익과 직결된 부분은 일단 서로 조금씩 양보하는 것이 일을 만들기 위한 기본 방식이다. 일해야 할 기간은 길고 기업의 수명은 짧다고 했다. 스타트업에 성공한다고 회사가 영속하는 것도 아니다. 조직을 키우고 분화시키고 적절하게 매각하기도 하고 반대로 다른 회사를 사들이기도 해야 한다. 이런 과정에서 숱하게 새로운 기회들이 열리고 일하는 사람들이 자기의 몫을 만들어나갈 조건이 형성된다. 창업 시점의 조그만 이익만 생각하면 어려운 문제이지만 늘 결별하고 변화하고 새롭게 도전하는 게 일상인 뉴 노멀 시대의 비즈니스 환경을 고려하면, 적절한 팀 조합이 가장 우선이지 이익 배분 문제가 결정적인 것은 아니다.

영 포티는 이처럼 창업 비즈니스에서 이삼십대 언더 독을 지원할 사회적 과제가 있다. 단지 숙제만은 아니다. 이삼십대 언더 독과의 결합은 영 포티가 익숙한 것들과 결별하고 새로운 도전을 도모하는 데에도 큰 무기가 된다. 상호 윈윈이다.

대한민국을 발전시킬
환상의 조합

영 포티와 이삼십대 언더 독의 연대가 필요한 건 비단 스타트업에서만이 아니다. 정치적 연대 또한 절실하다. 이삼십대나 사십대는 공히 한국 사회가 보다 글로벌 스탠더드에 맞춰 발전하고 구태의연한 과거와 결별해야 한다고 생각하는 세대이다. 이런 생각을 사회에서 현실화시키기에 가장 좋은 방법이 바로 선거이다. 선거에서의 승리는 합법적인 사회 혁신의 기회이다. 이를 위해서는 영 포티와 2030 세대들의 보다 끈끈한 연대가 우선이다. 왜 그런지 살펴보자.

우리나라의 40대와 2030을 합치면 전체 유권자의 과반수다. 2016년 20대 총선의 유권자 수는 4210만 명이었다. 이 중 60대 이상이 23.4퍼센트로 가장 많았고, 40대가 그다음으로 많은 21.0퍼센트, 50대 19.9퍼센트, 30대 18.1퍼센트, 20대 16.0퍼센트, 19세 1.6퍼센트 순이었다. 40대 이하가 56.7퍼센트를 차지한다. 분명 수적으로 우세다. 하지만 선거 결과는 늘 이들의 바람과 먼 경우가 많았다. 50대 이상 연령대의 압도적인 투표율에 밀렸기 때문이다. 박근혜 정부를 출범시킨 2012년 18대 대선에서 가장 높은 투표율을 보인 연령대는 50대였고 투표율은 82퍼센트였다. 60세 이상의 투표율은 80.9퍼센트였다. 40대가 75.6퍼센트로 선전했지만, 30대 70.0퍼센트, 20대 68.5퍼센트로 낮아진다. 결국 50대 이상의 유권자 수가 훨씬 적지만 높은 투표율로 대선 판도를 좌우한 것이다.

한국은 인구구조가 점점 고령화되고 있기 때문에, 시간이 흐를수록 50대 이상 유권자의 비율은 늘어나게 되어 있다. 2010년 지방선거 당시 40대 이하 유권자의 비율은 63.3퍼센트로 거의 전체 유권자의 3분의 2에 달했다. 이 비율이 지난 총선에서 56.7퍼센트까지 떨어졌으니 6년 사이에 6.6퍼센트 포인트나 줄어든 것이다. 이런 추세면 2020년 즈음엔 40대 이하의 비율이 거의 50퍼센트 수준까지 떨어질 것이다. 머지않아 애초에 총 유권자 수에서부터 젊은 세대의 열세가 굳어진다.

결국 2017년 대선이 40대 이하가 자신들의 목소리를 정치에 반영할 가장 좋은 기회다. 아직 젊은 세대가 다수를 점하고 있는 상황이니까. 물론 고령층의 높은 투표율이라는 장벽을 넘어야 한다. 이를 위해서 필요한 것이 영 포티와 언더 독의 정치적 목표에 관한 공감과 연대이다.

상대적으로 개인주의와 자율의 시대를 살아온 40대 이하는 선거나 정치에 대한 관심이 적다. 반면, 50대 이상은 집단주의와 복종의 시대를 살아온 탓에 정치적 관심이 많고 결집력도 젊은 세대에 비해 강하다. 이삼십대 언더 독들이 정치에 대한 불신과 무관심이 팽배한 것은 해결해야 할 숙제이다. 영 포티는 50대와 30대의 중간에 위치하지만 심리적으로 50대보다는 30대에 더 가깝다. 40대와 2030은 합리성과 실용성을 중시하는 성향을 바탕으로, 그리고 건전한 상식이 통용되는 대한민국 사회에 대한 지향과 경제 위기를 돌파할 고

영 포티와 언더 독의
환상의 조합

결국 우리 사회가 가진 낡은 관성과 문제점으로부터의
근본적 결별을 위해서도 40대와 2030의 결합이 필수적이다.

용 및 스타트업 지원책과 복지 안정책을 보다 강력하게 요구해야 할 현실적 필요성을 중심으로 뭉쳐야 한다. 젊은 세대의 맏형 격이자, 선거마다 항상 분명한 투표 방향을 정했던 영 포티들이 이 연대에도 적극적으로 먼저 나서야 한다. 이념의 시대가 끝나고 상식과 합리, 실용주의가 우선하는 시대정신에 가장 크게 힘을 실어줄 세대가 바로 40대다. 이들의 진화에 30대가 동조하고 20대가 영향받으면, 확실히 선거에서 유리한 고지를 점할 수 있다.

물론 현실적으로 특정 세대끼리의 정치적 연대란 쉽지 않다. 특히 2030세대는 집단주의적 사고에 익숙하지 않다. 정치적 구호 아래서 뭉치기보다는 각자의 판단대로 합리적인 선택을 하려는 경향이 있기 때문이다. 그러나 이 세대는 SNS를 기반으로 하는 사회적 소통 능력이 강하다. 혈연, 지연, 학연 같은 과거의 고리에도 매이지 않았다. 우리 사회가 직면한 과제에 대해 토론하고 교류해나간다면 이전 세대의 정치적 결사나 세력화와는 또 다른 방식으로 그들 특유의 정치적 연대를 수행할 수 있을 것이다. 수평적이고 개방적이며 지도부도 없지만 필요할 때마다 제대로 의제를 내세우고 SNS를 통해 모이고 흩어지면서 자기주장을 펴나가는 젊은 세대의 모습을 우리는 광우병 시위 등 여러 촛불집회를 통해 보아오지 않았던가.

영 포티와 언더 독은 문화나 사회적으로 비슷한 정서를 공유하면서 자신들의 시대정신을 합리적으로 대변할 정치 세력과 의제를 발굴해 나갈 것이다. 기성세대는 그동안 젊은 세대에게 표리부동한 모습을 수없이 보여왔다. 상하를 나누고 예절을 그렇게 따졌지만 막상 인간에 대한 예의와 인권은 무시했고, 도덕을 앞세웠지만 솔직히 그렇게 도덕적이지 못했고, 법을 강조했지만 불법과 편법에 능한 것이 기성세대의 모습이었다. 이러한 표리부동은 우리 사회가 발전하기 위해서 반드시 결별해야 할 지점이다. 이 일에 가장 적합한 세대가 지금의 20대부터 40대이다.

결국 우리 사회가 가진 낡은 관성과 문제점으로부터 근본적으로 결별하기 위해서도 40대와 2030의 결합이 필수적이다. 이 환상의 조합이 현실로 이루어진다면 한국 사회를 바꿀 힘은 여기에서 나올 것이다. 그리고 대한민국은 분명히 이전보다 한 단계 더 나아갈 것이다.

Part 5

버티는 힘,
결별하는 용기

당신이 할 수 있거나 할 수 있다고 꿈꾸는
그 모든 일을 시작하라.
새로운 일을 시작하는 용기 속에 당신의
천재성과 능력, 그리고 기적이 숨어 있다.

— 요한 볼프강 괴테

10

버티는 힘

꿈꾸기와
버티기

"이왕 들어왔으니 어떻게든 버텨봐라. 여기는 버티는 것이 이기는 곳이야. 버틴다는 건 완생으로 나아간다는 것이다. 우린 아직 다 미생이야."

웹툰을 바탕으로 드라마로 제작되어 많은 직장인에게 사랑받았던 〈미생〉의 이 대사에 공감하는 사람들을 꽤 볼 수 있었다. '버티는 것이 이기는 것'이라는 메시지에 왜 많은 이들의 마음이 움직였던 것일까? 그만큼 실제로 수많은 직장인이 하루하루 최선을 다해 버티고 있다는 것이고 한편으로 버티기에 급급한 자신에게서 초라한 실패자의 모습을 발견하고 있기 때문이 아닐까?

드라마나 만화에서 그려내는 것보다 현실은 훨씬 가혹하며 현실을 사는 직장인의 모습은 아름답지만은 않다. 많은 업무로 가중되는 피곤함 때문만은 아니다. 미래를 생각할수록 불안이 밀려오고 미래에 대한 준비는 부족한데 여기저기서 구조조정과 정리해고의 소식은 들려온다. 그래서 하루하루를 버티기도 쉽지 않다.

어떤 이들은 이런 분위기를 견디지 못하고 사표를 만지작거린다. '카페라도 하나 차려볼까' 하는 생각을 해보지 않은 직장인은 거의 드물 것이다. 현실의 직장인 모습이 이러하기에 이제 우리는 결별에 앞서 먼저 '버티기'에 대해 생각할 시간을 가져야 할 것 같다.

'여태껏 뉴 노멀 시대의 변화상을 이야기하고 모든 것과 결연하게 결별해야 한다고 하다가 갑자기 웬 버티기?'

이런 의문이 들지 모르겠다. 그러나 생각해보자. 결별에는 준비 시간이 필요하다. 이 준비에는 몇 년이 걸릴 수도 있다. 온종일 직장에 매여 있는 직장인들이 조직을 떠나서 독자 생존 가능할 경쟁력을 갖출 준비에 할애할 수 있는 시간은 하루에 채 몇 시간 되지 않는다. 굳이 1만 시간의 법칙을 거론하지 않더라도 우리에게는 시간이 부족하다. 그때까지 필요한 것이 버티기이다. 그런데 많은 사람들이 버티는 일을 수치스럽게 생각한다. 한국 사회는 체면 문화가 매우 강고하다. 자괴감 때문에 또는 주위의 시선 때문에 나에게 필요한 시간도 제대로 갖지 못한다.

직장의 울타리 안에서 버틴다는 것은 쫓겨나는 시간까지 눈치를 보면서 견디라는 의미가 아니다. 충분히 성장하여 경쟁력을 갖출 시간을 버는 것이다. 이제 승산이 있다고 생각할 때 당신은 당당하게

이왕 들어왔으니 어떻게든 버텨봐라.
여기는 버티는 것이 이기는 곳이야.
버틴다는 건 완생으로 나아간다는 것이다.
우린 아직 다 미생이야.

결별을 선언할 수 있다. 결별 이후는 꿈을 향해 나아가는 시간이다. 꿈이 있기에 결별하고 새로운 도전을 하듯이, 버티기 또한 꿈을 위한 것이다. 꿈이 없다면 버티는 것도 결별도 다 무의미해진다.

버티는 것은 꿈이 있기 때문이다. 준비가 다 된 그 날 당당하게 결별을 선언하고 걸어나갈 수 있는 당신은 버티는 일 또한 당당하게 할 수 있다. 버티기는 전혀 수치스럽거나 부끄러운 일이 아니다. 버티기의 힘을 기르자.

몇 년 치 생활비가
마련되어 있는가

직장의 울타리를 벗어나기까지 시간도 필요하지만 돈도 준비해야 한다. 창업 자금을 말하는 것이 아니다. 좋은 스타트업 계획을 세웠고 거기에 필요한 인력과 기술까지 마련한다면 자금 조달 통로는 얼마든지 열려 있다. 여기서 말하는 돈은 매달 꼬박꼬박 월급 들어오는 생활을 청산했을 경우에도 가족이 현재의 생활을 유지하는 데 필요한 생활비를 말한다.

돈이 없으면 조급해지고 이성을 잃기도 한다. 당신은 지금 얼마의 돈이 있는가? 부동산에 묶인 자산이 아니라, 실제로 가용할 수 있는 돈이 얼마나 되는가? 당당한 결별을 하고자 한다면, 적어도 1년 생활비는 통장에 들어 있어야 한다. 현금으로 확보한 1년 치 생활비는 최소한의 비빌 언덕이다. 지금 당장 적게 먹고 적게 쓰는 한이 있어도 1년 치 생활비를 모아두고 시작하자. 실직이나 폐업 등 경제적 위기가 닥쳤을 때 적어도 1년의 시간은 벌 수 있기 때문이다. 1년 치가 확보된 사람은 2년 치, 그리고 3년 치에 계속 도전해보라. 장기 불황의 시대, 이른 퇴직과 긴 노후 시대를 살아가려면 가장 단순하면서도 현실적인 대비책이다.

삼성생명 은퇴백서 2014년 판을 보면, 서울과 광역시의 50대 평균자산이 4억 5077만 원이었다. 이들 자산 중 부동산이 4억 원 정도였으니, 실제로 수중에 쥔 돈은 5000만 원에 불과한 셈이다. 만약 빚이 있다면 그나마 손에 쥘 5000만 원도 없는 것이나 마찬가지다. 통계청에 따르면, 가구주가 50대인 가구의 평균 자산이 4억 2229만 원이었고, 40대 가구주의 경우는 3억 6042만 원이었다. 개인이 아닌 가구의 자산이란 점과 이들의 자산 중 부동산 비중이 압도적으로 높다는 점, 그리고 결정적으로 가구당 평균 부채가 6000만 원 이상이라는 점도 간과해서는 안 된다. 특히 50대 부채는 7866만 원이었다. 여기에 50대에게는 자녀 결혼에 따른 지출이 40대에게는 자녀 양육과 대학 학비에 따른 지출이 추가로 남아 있다. 이런 지출을 감당하려면 계속 돈을 벌어야 한다. 만약 일자리를 잃는다면 부동산을 팔고 더 싼 집에 들어가야만 돈을 마련할 수 있는 이들이 많은데, 집이 쉽게 팔리지도 않는다. 결국 수중에 쥐고 있는 현금은 정말 빠듯한 이들이 많다. 이런 사람들일수록 위기 앞에 타격이 크다.

위기의 시대는 기회와 함께 온다. 새로운 기회를 잡으려면 버틸 수 있는 힘이 필요하고, 여분의 생활비를 비축해둔다는 것은 매우 현실적인 문제가 아닐 수 없다.

메이저리거의
당당한 버티기

두산 베어스의 간판타자 김현수는 2015년 12월 미국 프로야구 메이저리그 볼티모어 오리올스와 계약을 체결했다. 김현수는 2년간 700만 달러에 계약을 맺으면서 마이너리그 거부권을 옵션으로 포함시켰다. 본인이 원하지 않으면 마이너리그로 내려보낼 수 없다는 유리한 조항인데, 김현수의 가치를 높이 평가한 볼티모어 오리올스가 이 조항을 수락했다.

그런데 미국에 간 김현수의 시범경기 성적은 최악이었다. 아직 적응이 되지 않았기 때문일 것이다. 그러나 볼티모어 구단의 생각은 달랐다. 구단은 김현수를 마이너리그로 내려보내기 위한 압박을 가했다. 심지어 방출 혹은 한국으로 돌아가는 시나리오까지 언론에 퍼뜨렸다.

메이저리그는 시즌을 시작할 때 팀별 주전선수를 25명까지 등록할 수 있도록 정해놓았다. 시범경기 성적이 최악인 김현수를 마이너리그로 내려보내야 대신 성적이 좋은 다른 선수를 25인에 집어넣을 수 있는 것이다. 성적이 안 좋으니 마이너리그에 가서 적응하고 연습하고 올라오라는 게 얼핏 그럴듯해 보이지만 내려가는 건 쉬워도 올라오는 건 어려운 게 프로야구다.

상황이 이렇게 돌아가자 결국 김현수는 마이너리그 거부권을 사용했다. 자신에게 주어진 권리를 정당하게 쓴 것이다. 이런 우여곡절 끝에 개막을 맞았고, 볼티모어 홈팬 중에는 그에게 야유를 보내는 이들도 있었다. 감독은 그를 출전시켜주지 않았다. 김현수는 벤치에서 주로 시간을 보내야 했고, 혼자서 외로이 연습할 수밖에 없었다. 간간이 교체 멤버로 들어갈 뿐 그에게 주어진 기회는 제한적이었다. 그런데 놀랍게도 그런 기회마다 김현수는 안타를 쳤다. 얼마나 그가 간절하게, 그리고 치열하게 연습하고 준비해왔는지를 알 수 있다.

그렇게 작은 기회를 계속 살리던 그는 5월부터 기회가 늘더니 5월 말부터는 거의 주전을 굳혔다. 4월 시즌 시작 후 37일 동안 선발과 교체 출전을 섞어 겨우 11경기에 출전했지만, 5월 19일 이후에는 17일 만에 11경기에 그것도 거의 선발로 출전할 수 있었다. 그러는 사이 언론과 팬들의 태도도 바뀌었고, 감독도 김현수를 칭찬하기에 이르렀다. 결국 타격기계라는 김현수의 별명이 미국에서도 통하게 되었다. 그렇게 그는 자신의 자리를 지켰다. 당당하게 자신의 권리를 행사하며 실력을 보여줄 기회를 대비했고, 결국 실력으로 모든 잡음을 불식시켰다.

자신에게 주어진 권리를 행사하는 건 정당하다. 그러므로 당당해야 한다. 미안해할 필요도 없고, 부끄러울 이유도 없다. 김현수는 계약에 있는 조항을 행사한 것뿐이다. 김현수의 사례를 일반적인 직장인의 경우로 바꿔보자. 대부분 직장인이 고용계약서를 작성하고 회사에 다니지만, 계약서에 명기된 자신에게 주어진 권리를 잘 모르거나 당당하게 행사하지 못하는 경우가 많다. 회사가 필요에 따라 구조조정을 하려는 것은 회사의 입장이고 직장인에게는 자신의 권리가 있는 것이다. 이 권리를 지키는 일에서는 절대 기죽을 필요도 없고 비굴하다 여길 필요도 없다. 그런데 현실에서는 이런 경우 사표를 던질 것인가, 아니면 어떻게든 버티며 살아남을 것인가를 고민하는 사오십대가 많다.

만약 당신이 계약과 체면 둘 중 하나를 선택해야 하는 입장이라면 당연히 계약을 택해야 한다. 당신에게 주어진 계약은 당신이 그럴 만한 가치가 있는 사람이어서 가능했다. 정당하게 평가받은 자신의 가치를 주위 상황과 회사의 압력 때문에 함부로 내려놓아서는 안 된다. 체면 때문에, 동료들의 눈치나 부장으로서의 위신 때문에, 함부로 사표 쓰지 말라는 것이다. 사표는 새로운 도전, 더 나은 도약을 위해 주체적으로 결별할 때 선택하는 것이지, 자신의 입지가 줄어들어 밀려 나갈 때 쓰라고 있는 게 아니다.

꿈이 있어 버티는 것은
부끄러운 일이 아니다

버티는 힘은 희망에서 나온다.
당당한 결별을 위해 버티기의 근육력을 키우자.

퇴사학교와
인생학교

2016년 5월 출발한 퇴사학교는 삼성전자에서 4년여 재직하다가 퇴직한 31세의 젊은 청년 장수한이 교장을 맡고 있다. 주요 강사진은 퇴사 후 새로운 길에 도전한 이들로 구성된다. 퇴사학교 자체가 하나의 스타트업이다. 직장과의 결별이 화두가 된 시대에 필요한 사업인 것이다. 이 학교는 개설하는 강의마다 매진되고, 페이스북 페이지가 2주 만에 구독자 1만 명이 넘어설 만큼 좋은 반응을 얻고 있다.

사실 직장인이 되는 순간 '언젠가 퇴사해야 할 텐데' 하는 고민도 시작된다고 해도 과언이 아니다. 결국 언젠가 한 번은 맞을 상황이니, 퇴사를 고민하고 진지하게 미래를 계획하는 건 누구에게나 필요한 일이다. 퇴사에 대해 여럿이 모여 고민을 공유하고, 준비 없는 감정적이고 즉흥적인 퇴사를 막고, 자신만의 경쟁력을 만들어낸 후 퇴사하도록 하자는 게 퇴사학교의 목적이다. 당당한 결별을 위한 당당한 버티기의 맥락과도 일치한다.

퇴사학교는 퇴사한 사람이 아니라 퇴사를 준비하는 직장인들이 다니는 곳이다. 이런 콘셉트는 기업이 퇴직을 앞둔 직원 교육 프로그램에 적극 반영해도 좋을 것이다. 기업과 직장인의 결별은 서로에게 최적의 시기, 최선의 결과로 나타나야 한다. 퇴사학교 같은 프로그램이 기업마다 상시화되어 제공된다면, 그만큼 퇴사와 이직에 대한 고민의 수준도 달라질 것이다.

세계적인 베스트셀러 작가이자 철학자 알랭 드 보통이 세운 인생학교는 2008년 런던을 시작으로 파리, 암스테르담, 멜버른, 상파울루 등을 거쳐 2015년 10월 아시아에서는 최초로 그리고 세계에서 열 번째로 서울에도 학교를 열었다. 보통의 인생학교가 서울 분교를 만든다는 공고를 냈을 때, 무려 1300여 곳에서 제안서를 냈다고 한다. 인생학교가 가진 브랜드 가치 때문이기도 하지만, 그만큼 우리 사회에 인생의 고민을 나누는 교육에 대한 수요가 높아졌다는 방증이다.

인생학교는 당장 어디에 써먹을 것을 가르치지 않는다. 학교에서 가르쳐주지 않은 삶의 본질적 문제에 대한 답을 고민한다. 인생학교 외에도 사회적 기업 오픈컬리지, 50대 이상의 인생 고민을 담는 50+인생학교 등 한국 사회에도 이런 교육에 대한 수요가 계속 늘고 있다. 성장의 시대만 살아온 이들이 이제 물질 만능을 뒤로 하고 인생에 대한 철학적 성찰에 관심을 갖기 시작한 것이다. 저성장 시대, 장기 불황 시대를 살아가는 사람들의 새로운 변화이다. 직장과 사업, 인맥, 돈 등과 결별하더라도 결국 남는 건 자기 자신과 가족, 인생이라는 것을 비로소 인식하기 시작한 것이다.

버티는 힘은 희망에서 나온다. 희망은 돈으로 얻는 게 아니다. 꿈을 버리지 않음으로써, 인생을 바라보는 태도를 바꿈으로써 얻을 수 있다.

당신은 지금껏 꽤 잘해왔다. 그런데도 과거의 관성으로부터 결별해야 한다고 말하는 것은 조금 더 조건이 좋고 수입이 높은 직장으로 옮기자는 뜻이 아니다. 지금까지와는 다른 새로운 삶을 준비하고 희망과 꿈을 현실로 만들기 위한 새 출발을 하자는 것이다. 당연히 시간이 오래 걸리고 준비할 것이 많으며 우리의 가치관과 인생에 대한 관점도 돌아봐야 한다. 할 일은 많고 시간은 부족하다.

지금 우리가 버티는 것은 이 모든 것을 진지하게, 충실하게 준비하기 위해서다. 당당한 결별을 준비하는 당신은 그래서 더 당당하게 버텨야 한다.

11

결별하는 용기

버려야
얻는다

조직이론 분야의 세계적 석학인 캐나다 맥길대 교수 헨리 민츠버그 Henry Mintzberg는 월스트리트저널 '세계에서 가장 영향력 있는 경영사상가 20인'에도 선정된 경영 구루이다. 그는 '학습learning 못지않게 망각unlearning이 중요하다'는 말을 남겼다. 과거 또는 관성과의 결별이 왜 필요한지가 이 한마디에 압축돼 있다.

새로운 것을 받아들이려면 과거를 버려야 한다.

일본에서 2011년 동일본 대지진 이후 촉발된 단샤리斷捨離 열풍에 가장 적극적인 이들은 일본의 베이비붐 세대였다. 경제가 성장하는 동안 많은 것을 가지고 누리는 데 익숙했던 세대이다. 이들이 받아들인 단순하게 살기, 최소한으로 살기, 즉 미니멀 라이프 트렌드는 물건에 대한 집착을 버리면서 오히려 삶의 본질과 행복에 대한 새로운 관점을 접하는 것이다. 버리지 않고 새로운 것을 받아들이기란 어렵다. 그것은 그저 과욕이다. 잘 버리는 것이 잘 얻기 위한 초석이다.

권불십년 화무십일홍權不十年 花無十日紅, 권력은 십 년 가지 않고, 열흘 이상 붉게 피는 꽃도 없다는 말은 기업에도 잘 맞아떨어진다. 아무리 잘나가는 최고의 기업이라도 변화하지 않고 계속 혁신하지 않으면 어느새 가치는 떨어지고 소비자의 사랑도 식기 마련이다.

애플은 한때 혁신의 아이콘이었지만, 요사이 그런 느낌은 크게 줄었다. 주간조선 2112호(2010년 7월 5일)에 '애플 마니아의 성지, 뉴욕 5번가 글래스 애플 템플'이라는 기사가 실렸다. 죽기 전에 가봐야 할 곳이라며, 2006년 만들어져 뉴욕의 명물이 된 5번가의 애플 매장을 소개했다. 그로부터 6년 후, 주간조선 2415호(2016년 7월 11일)는 '맨해튼 5번가 글래스 애플 매장의 추락'이라는 제목의 기사를 내보냈다. 한산한 매장 사진과 함께, 애플의 인기가 예전 같지 않은 상황을 보여준다.

이 두 기사는 같은 사람이 썼다. 기업의 가치와 소비자의 기대치는 순식간에 바뀔 수 있음을 여실히 보여준다. 애플은 여전히 세계 최고 기업 중 하나이지만 애플에 대한 기대치가 낮아진 건 분명하다. 잘 버려야 잘 얻는 것은 기업이건 개인이건 모두에게 불변의 진리다. 애플은 무엇을 놓지 못하고 있는 것일까?

왜곡된 자존심을
버리는 용기

인생에는 오르는 계단만 있지 않다. 내려갈 자리도 있는 것이다. 최근의 경제위기는 일자리의 위기와 함께 전문직의 위기도 만들었다. 명문대 나온 한국 엘리트들의 위기와 좌절도 그만큼 급증한다.

내려오는 걸 받아들이지 못한 강남 계급의 빗나간 자존심이 빚은 극단적 사례가 있다. 2015년 1월 6일, 끔찍한 일가족 살해 사건이 발생했다. 가장이 자신의 아내와 두 딸을 살해하고, 자신도 자살하려 했으나 실패하고 체포되었다. 경제적 추락이 이 끔찍한 사건의 동기였다. 그런데 가족을 죽인 이 가장은 여전히 시가 11억 원 정도의 아파트를 소유하고 있었고, 은행에서 집을 담보로 5억 원을 대출받아 주식투자를 하다 상당액을 날렸지만 그중 1억 3000만 원은 남은 상태였다. 경찰은 또 3억 원의 잔고가 남은 아내 명의의 통장도 발견했다. 집을 팔고 은행 대출금을 갚아도, 그의 자산은 현금으로 10억 원 정도가 남는다. 극단의 선택을 한 동기가 납득이 안 가는 상황이었다. 결국 절대적 빈곤이 아닌 상대적 박탈감이 그로 하여금 극단적 선택을 하도록 만들었다는 해석이 가능하다.

연세대 경영학과 86학번인 그는 명문대를 나와 탄탄대로를 걸었다. 외국계 컴퓨터 3D디자인 업체의 임원을 비롯, 한의원 회계실장, 화장품회사 전무 등 30~40대 때 억대 연봉을 받는 직장인이었던 그는 이른 퇴직 후 퇴직 사실을 주변에 숨긴 채 2012년 11월부터 은행 대출 5억 원을 가지고 주식투자를 시작했다. 집 근처에 고시원을 얻어 그곳으로 출퇴근하는 사이에도 회사에 다닐 때와 마찬가지로 집에 생활비를 주고 풍족한 생활을 유지했다. 주식투자 손실에다 생활비까지, 있는 돈을 까먹는 형국이 2년여 지속되었지만 여전히 한국 사회에서 성공하고 잘나가는 이미지를 유지하려고 애썼다. 이것은 그에게는 자존심이었을 것이다. 가장의 수입이 사라지면, 소비를 줄이거나 집을 팔고 집값이 싼 다른 동네로 이사를 가는 것이 보편적인 선택이었을 텐데 그는 강남을 벗어나는 것은 아예 염두에 두지 않았던 듯하다. 강남에서 나간다는 것 자체가 이미 그에게는 실패와 좌절, 바닥으로 떨어지는 기준이었을 수 있다.

누구나 고난을 같은 강도로 느끼는 것은 아니다. 탄탄대로만 걸어온 엘리트들은 실패나 좌절에서 남보다 훨씬 더 큰 상처를 입는다. 올라가는 것만 익숙하던 이들이라 내려오는 일 자체를 견디지 못하는 것이다. 이 사건은 단지 특수한 한 사람만의 문제가 아니라, 우리 사회에서 명문대를 나와 성공 가도를 달리고 강남에 집을 소유할 정도로 재산을 가진 한국적 엘리트들과 소위 강남 계급들에 주어진 문제일 수도 있다.

장기 불황의 시대, 경제위기의 시대에 심리적 타격이 가장 큰 사람은 적당한 부를 가진 사람들이다. 아예 가난한 사람들은 상황이 좀 더 나빠졌다고 해서 상대적 박탈에 시달리지는 않는다. 하우스푸어도 서민보다는 중산층에 많다. 연봉 1억 원대의 사오십대 중에 하우스꽝어가 의외로 많다. 한국 사회에서 1억 원 연봉은 성공의 기준 중 하나다. 장기 불황의 시대에는 겉보기에 멀쩡하고, 과거에 잘나가던, 탄탄대로를 걷던 이들이 자존심과 현실의 괴리 사이에서 갈등하며 겪는 스트레스가 아주 클 수 있다. 그러나 이것은 왜곡된 자존심일 뿐이다.

우리 모두에겐 자신만의 바둑이 있다

늘 남과 비교하는 것만큼 바보 같은 인생도 없다. 비교하다 보면 언제나 인생은 불만스럽다. 비교하다 보면 자기만의 길을 놓칠 때가 많다. 남과 비교에 능한 사람은 늘 귀가 가볍다. 팔랑귀보다는 우직하게 자기만의 길을 갈 필요가 있다. 단 한 번밖에 살지 못하는 자신의 인생이다.

시애틀 매리너스의 이대호 선수는 한국과 일본을 거친 최고의 스타이자 베테랑이었지만, 나이와 덩치가 주는 선입견 때문에 메이저리그 보장을 받지 못한 채 마이너리그 계약을 맺고 도전을 시작했다. 시범경기에서 다른 경쟁자들을 모두 물리쳐야 메이저리그에 남을 수 있는 조건이어서 시작은 절대적으로 불리했다. 이대호는 보장된 연봉 100만 달러에 1년 계약을 맺었다. 메이저리그 주전으로 뛰게 되면 인센티브 포함해 최대 400만 달러를 받을 수 있지만, 이 또한 소프트뱅크가 연봉 50억 엔(거의 500만 달러)과 다년계약을 제시한데 비하면 별것 아니다. 도전하지 않고 소프트뱅크에 남았으면 18억엔(1800만 달러)까지도 받을 수 있었다. 하지만 그는 고작 100만 달러가 보장된 시애틀과의 계약을 선택했다. 험난한 길을 자청한 셈이다. 일본에서 최고 대우를 해준다는 제안을 거절하고 메이저리그에도전할 때만 해도 무모하다는 시각이 많았다. 하지만 그는 결국 시즌 시작 시점 25명 주전 명단에 포함되었다. 메이저리그 전체에서도이런 조건을 뚫고 주전이 되는 건 드문 일이다.

이대호는 당당한 결별을 선택할 만큼 자신이 있었다. 2016년 7월 4일 기준, 이대호의 WAR는 1.1이다. WAR Wins Above Replacement은 대체 선수 대비 승리 기여도를 의미하는데, 메이저리그에서는 WAR 1의 가치를 700만~800만 달러로 본다. 이미 그가 최대치로 받을 수 있는 연봉보다도 2배 이상 높은 값어치를 한 것이다. 시즌을 절반 치른 시점에서 그가 기록한 홈런은 11개 타점은 36개다. 특히 팀 내 결승타는 6개로 가장 많다. 팬들이 뽑은 자체 수훈 선수에 9차례 뽑혀 팀 내 최고를 기록했다. 이런 추세를 이어갈 경우, 시즌 종료 시점의 그의 기록은 메이저리그에서도 상위권에 속할 가능성이 크다. 다음 시즌 그에게 러브콜할 구단은 줄을 설 것이며, 그가 받을 연봉 액수도 급등할 것이다.

안정된 현실과 결별하고, 도전하는 미래를 선택한 이대호는 당당한 결별이 필요한 우리 모두에게 좋은 동기부여를 준다. 그는 도전하지 않으면 기회도 없다는 걸 보여줬고, 안정적 현실에 발목 잡히지 않는 용기도 보여줬다. 누구나 자신만의 바둑을 둔다는 말이 있다. 각자에게 소명과 같은 자신의 길이 있는 것이다. 남을 의식하고 다른 사람들의 시선에 연연할 만큼 인생은 한가하지 않다.

당신의 세 번째 직업은 무엇인가

두 번째 직업도 아니고, 세 번째 직업이라니? 하나의 직업으로 하나의 직장에서 평생 일하던 시절도 있었다. 그 후 하나의 직업으로 여러 직장을 옮기며 일하는 게 보편적이던 시절이 있었다. 그러다 하나의 직업으로 평생 갈 수 없어서 중간에 새로운 직업을 준비해야 하는 상황이 도래했다. 인생 이모작이란 말이 본격적으로 나오고, 직장인이면서 학생이 되어 계속 새로운 것을 배우고 자신의 능력을 키워가야 한다는 뜻의 샐러던트라는 용어도 생겨났다.

이제는 이모작으로도 부족한 때가 되었다. 삼모작이 필요하다. 수명이 늘어서 일해야 할 기간이 훨씬 길어졌기 때문이기도 하지만 그만큼 사회와 비즈니스가 변하는 속도가 빠르기 때문이다. 은퇴가 시작된 베이비붐 세대에서는 직업전문학교에서 기술을 배워 새로운 인생을 준비하는 이들을 쉽게 볼 수 있다. 정년퇴직이 곧 은퇴이고, 노후의 평안하고 소소한 일상을 보내다가 인생을 마무리하는 것은 옛날얘기다. 이젠 70대까지도 일을 해야 하는 시대다.

가령, 대기업이나 공무원을 정년퇴직하고 노후에 소일거리 삼아 아파트 경비원 등을 하는 이들이 두 번째 직업을 가진 사람들일 것이다. 하지만 이제는 정년퇴직도 어렵거니와 아파트 경비원 자리도 어렵다. 50세가 현실적 퇴직 시기가 되고 아파트는 무인화된다.

은행 지점장으로 연봉 1억 7000만 원을 벌다가 퇴직 후 오피스텔 관리인이 되어 월급 130만 원을 받는 사람의 기사를 본 적이 있다. 그는 은행 다니는 동안 기업자금관리사, 에너지관리기능사, 전기기능사 등의 자격증을 땄고, 퇴직 후 보일러기능사부터 시작해서 가스안전관리, 건축목공기능사, 공조냉동기계기능사, 소방안전관리, 에너지관리산업기사, 위험물안전관리자, 전기산업기사까지 땄다. 결국 그는 이런 준비를 바탕으로 새로운 직업을 찾았다. 은행 지점장 시절 연봉의 10분의 1에 불과하지만, 여전히 일을 하고 있다는 것에서 그는 의미를 찾는다. 노후에 연금이나 은행 이자로 생활하는 이들이 있는데, 월급 130만 원이 크지 않아 보일지 몰라도 지금 시대에 매달 은행 이자 130만 원을 받으려면 10억 원 이상을 예치해둬야 한다. 즉 자신의 직업적 가치를 육칠십대까지 유지하는 것은 은행에 10억 원 이상 넣어둔 것과 같은 효과라고 할 수 있다. 자신의 직업적 가치가 계속 유효하도록 꾸준히 준비해야 한다.

대기업을 다니다가 40대 중반에 퇴사하고 스타트업에 도전하는 것도 이제 보편적인 코스가 되어야 한다. 이삼십대에 할 일과 직장, 그리고 사오십대에 할 직업, 60대 이후에 할 일 등으로 적어도 3번 정도는 말을 갈아탈 줄 알아야 한다. 오래 살아남은 기업의 특징이 말을 잘 갈아타는 기업인 것처럼 개인도 마찬가지다.

이제 두 개의 트랙으로 움직여야 한다. 하나는 지금의 직업과 현재의 직장에서의 일이다. 또 하나는 다음에 가질 직업을 위한 준비다. 매 단계 이런 투 트랙이 병행되어야 한다. 그렇게 계속 새로운 말을 갈아탈 줄 아는 사람이 육칠십대가 되어도 일을 할 수 있다.

얼마의 노후자금을 확보해둘 것인가보다, 얼마나 오래 일을 할 수 있느냐가 더 중요하다. 과연 당신의 세 번째 직업은 무엇인가? 지금 당신은 세 번째 직업을 위해 어떤 준비를 하고 있는가?

함께 살아갈 방법은 없을까?

COOP 로고가 붙은 노란색 협동조합 택시가 이제는 길거리에서 꽤 눈에 띈다. 택시만이 아니라 다양한 협동조합이 생겨나고 있다. 협동조합은 취업할 것이냐, 창업할 것이냐라는 단조롭던 두 가지 선택지 외에 또 하나의 제3의 선택지가 되어준다. 직원이 곧 주주로서 동등한 의사결정권을 가지고 경영에도 참여하며 일하는 것은 직장인의 꿈이기도 하다. 기존의 회사 창업과 어떻게 다른지 좀 더 살펴보기로 하자.

한국택시협동조합은 2015년 7월 설립되었다. 택시기사가 출자금을 내고 주주가 되는 것인데, 조합원이 되면 사납금이 없어지고 월급과 배당금을 받는다. 한국택시협동조합은 가동률이 설립 첫 달인 2015년 7월 57.1퍼센트에서 9월 91.3퍼센트, 12월 98.8퍼센트로 계속 높아졌다. 업계 평균 가동률 68.7퍼센트에 비해 대단히 양호한 가동률이다. 운송 수입금도 업계 평균보다 20퍼센트 이상 높은 업계 최고 수준이다. 택시 1대당 조합원 2.4명을 배치해 기사들의 휴무일 은 업계보다 연간 12일 더 늘어났지만 차량이 운행 않고 서 있는 시 간을 최소화함으로써 높은 성과를 거둔 것이다.

사납금이 없다 보니 굳이 급하게 다닐 필요가 없어서 교통질서를 잘 지키고 더 친절하고 안전한 운행을 하는 협동조합 택시를 고객들 도 선호한다. 조합원의 평균 월 소득은 250만 원 정도로 기본급 135 만 원에 이익배당금 50~60만 원, 초과수입 60만 원 정도로 구성된 다. 법인택시 기사는 기본급여가 115~130만 원 선이고, 채워야 할 사납금 부담이 있다. 업무 환경이나 소득 등의 만족도에서 택시협동 조합의 기사가 훨씬 높을 수밖에 없다. 그래서 2015년 7월 100명으 로 시작한 조합원이 6개월 만에 180명으로 늘었고, 조합원이 되려고 가입 대기하는 사람만 120명이고, 의향서를 낸 사람은 500명이 넘 는다. 6개월 사이에 벌어진 놀라운 결과다.

택시를 협동조합화하는 것은 하나의 실험이기도 했는데, 성공적 으로 자리를 잡으면서 택시 협동조합 모델이 전국으로, 아울러 전세 버스 협동조합, 화물차 협동조합 등으로도 확산된다. 협동조합은 나 만 잘 살자가 아니라 모두 함께 잘 살자는 대안적 비즈니스 모델이 기도 하다. 사세를 키우는 게 목적이 아니라 조합원들의 소득을 보

2015년 7일 창립한 국내 최초의 택시 협동조합 '쿱택시'. 협동조합은 모두 함께 잘살자는 대안적 비즈니스 모델이기도 하다.

장하면서 사회적 책임도 지는 게 중요하다.

미래의 먹을거리를 만드는 IT 스타트업만 필요한 게 아니다. 우리의 일상에 있는 수많은 익숙한 서비스나 의식주와 밀접한 일상 소비재에 대해서도 새로운 변화가 필요하다. 노동과 고용, 분배와 사회적 책임을 공유하는 사회적 기업과 협동조합을 만들어내는 것도 우리의 숙제다. 대형마트를 대신할 전통시장이나 골목 상권의 협동조합화, 소농의 한계를 극복할 집단적 영농조합화를 비롯해서 각종 생활협동조합이나 공동 육아를 위한 생활 공동체도 마찬가지다. 함께 잘살자는 화두는 저성장 시대, 뉴 노멀이 우리에게 준 현실적 대안 중 하나다.

생활 자체가
공동체 비즈니스가 된다면

저금리 시대에 투자 수익으로 노후를 보낸다는 건 참 불안한 계획이다. 은행 이자로 노후 생활비를 감당하던 시절도 있었지만 지금은 10억 원을 넣어둬 봐야 한 달 이자는 백여만 원 남짓에 불과하다. 펀드나 연금보험도 리스크를 조금 더 감수함으로써 약간의 수익률을 더 기대하는 수준에 불과하다. 오피스텔이나 소형 아파트를 사서 임대 주고 월세를 받는 것도 만만치 않다. 그렇게 쏟아진 오피스텔과 아파트 물량도 꽤 많다. 월세 물건을 내놓는다고 바로 들어올 사람을 찾기도 쉽지 않다. 다들 여기까지 고민한다.

만약 살아가는 것이 곧 비즈니스가 된다면 어떨까? 생활을 영위하기 위해 돈을 버는 것이 아니라 좋은 생활을 하다 보면 자연스럽게 돈이 따른다는 발상을 해보자. 그런 사례 중 하나가 셰어하우스이다. 부동산 투자는 늘 어려운 일이고 불확실성도 많다. 하지만 달리 생각해보면 집은 꼭 필요하다. 누구든 머물러야 하고, 일상을 보내야 하니까. 경쟁력 있는 셰어하우스는 최선의 노후 대책이자 좋은 이웃 공동체가 되기도 한다. 연립주택이나 다세대주택을 셰어하우스로 전환하는 것도 좋은데, 단지 이름만 바꿔서는 안 된다. 셰어하우스는 기본적으로 공동체가 되어야 한다. 함께 공유할 것들이 있고 함께 어울려 사는 일종의 대안 가족의 공간이다. 부동산 임대 비즈니스가 아니라 공동체 생활이고 비즈니스가 그 뒤를 따른다. 임대업과 달리 이 일은 집보다 사람을 확보하고 관리하는 게 핵심이다.

자녀를 출가시키고 나면 노후에 자신이 사용할 공간은 그리 넓을 필요가 없다. 여유 공간을 개조하고 다른 사람들과 공유함으로써 셰어하우스를 만들 수 있다. 특히 노후에는 함께 어울릴 이웃이 필요하다. 이왕이면 그 이웃이 자신과 코드가 잘 맞는 이들이라면 더할 나위 없다. 동호인 주택단지가 만들어지는 것도 이런 이유다. 또래나 공통의 관심사가 중요한데, 1인 가구가 증가하고 노령화가 심화되는 시대에 셰어하우스는 좋은 대안이 된다. 함께 어울리는 일상 공간을 통해 외로움도 덜고 대안 가족으로서의 역할도 한다.

단지 멀끔한 집만 있다고 되는 게 아니다. 셰어하우스의 핵심은 공동체다. 집을 건축할 때부터 집에 입주자를 선발할 때까지 목표와 콘셉트가 분명해야 성공할 수 있다. 가령 음악을 좋아하는 사람들만 모아도 된다. 음대 학생에서부터 연주자, 음악 애호가, 오디오 수집이 취미인 사람 등이 모이면 좋겠다. 이들이 함께 어울리며 연주도 하고, 음악 연주회도 보러 가고, 새로운 음반을 들으며 감상도 나눈다. 이런 경우 처음부터 방음 시설이 된 합주실이나 청음실을 건물 설계에 포함시켜야 할 것이다.

셰어하우스는 '집' 못지않게 기거하는 '사람'들이 중요하기 때문에 아무나 입주시키는 게 아니라 심층면접도 봐야 한다. 그렇게 해서 공통의 관심사로 모인 사람들로 일상 공동체를 만드는 것이다. 이런 공동체는 만족도도 높아 공실률이 낮다. 이미 일본이나 유럽에서는 이러한 셰어하우스가 활발하다. 우리나라에서도 다양하게 시도되는 중이다.

가족 해체 시대, 1인 가구 시대, 저출산과 이혼율 증가 시대, 노령화 시대에 셰어하우스의 수요는 갈수록 커질 것이다. 좋은 셰어하우스를 짓고 함께하는 공동체를 만들어내는 것만큼 매력적인 투자도 없을 듯하다. 이 투자 금액이 혼자 감당하기에 클 때는 앞에서 살펴본 협동조합 방식으로 조합원을 모으고 자금도 함께 부담하는 방법도 있다.

집은 항상 개인 소유여야 하고 재산목록 1호이고 투자 대상이어야 한다는 낡은 사고방식만 버리면 우리의 생활에 활력이 생기고 새로운 비즈니스도 탄생한다.

폭탄 돌리기가 탄생시킨
헬조선

한 사회가 가진 문제는 오랫동안 쌓여서 생긴 경우가 많다. 그래서 문제를 풀기가 여간 어려운 것이 아니다. 슬쩍 문제를 회피해버리면 그 순간엔 참 편하다. 하지만 회피는 숨기는 것일 뿐 절대 문제를 해결한 게 아니다. 호미로 막을 걸 가래로 막는다는 속담은 이럴 때 어김없이 들어맞는다.

사회가 해결해야 할 과제를 어떤 정권은 문제가 있어도 어떻게든 미루고 버텨 다음 정권으로 넘겨버린다. 그 정권 당대에는 별일 없는 것으로 보이지만 사실 근본적 문제를 해결할 시간과 기회를 놓치게 만드는 행위이다. 그렇게 다음 정권, 다음 정권으로 폭탄 돌리기를 하다가 임계치를 넘어서면 어쩔 수 없이 터져버리는 것이다.

어떤 정부든 디플레이션이란 말을 아주 경계한다. 장기 불황에 빠진다는 얘기는 더더욱 싫어한다. 실업률이나 구조조정이란 말도 경계한다. 그래서 사태의 심각성을 때로는 적당히 덮거나 희석하기도 한다. 경제에서는 역대 어느 정권도 이 문제에서 자유롭지 못하다.

세상의 문제를 푸는 데는 두 가지 접근이 있다. 우선 근본 원인인 사회 구조적 문제를 푸는 접근 방식이다. 나라가 들썩거릴 수 있다. 많은 기업이 무너지고 일자리도 크게 줄어들 수 있다. 집값이 크게 출렁이고 누군가는 손해를 꽤 본다. 은행도 타격받는다. 사회 전반에서 영향을 받는 이들이 엄청나게 많아진다. 물론 꽤 오래 걸릴 수도 있고, 생각지도 못한 복병들 때문에 더 어려워질 수도 있다. 하지만 상황의 악화를 방지하고 과감하게 메스를 댐으로써 되살아날 기회를 만든다.

또 다른 접근은 구조적 문제가 아니라 개인적 문제로 한정해버리는 것이다. 사회를 바꾸는 게 아니라 개인이 어떻게 살아남을 건가에 대한 접근이다. 현실적인 접근으로 비치지만, 그렇다고 근본적 해결은 안 된다. 버틸 수 있지만, 영원히 버틸 수는 없다. 사회구조의 뒷받침 없이 개인의 노력만으로 해결되지는 않기 때문이다. 하지만 당장은 쉬운 방법이다. 당장 현실적 성과도 더 잘 드러날 수 있다. 수술을 안 하고 진통제를 쓰는 셈이다.

　아직 사회 문제를 구조적으로 대처할 역량과 시스템이 충분하지 못한 우리 사회는 모든 문제를 개인 탓으로 돌리는 데 익숙하다. 청년 실업의 문제가 생기는 건 능력 없고 스펙 모자라는 이들이 시험에서 떨어져서가 아닌데, 우리 사회는 이들을 스펙의 노예로 만들었다. 청년 실업 문제를 해결하려면 먼저 무능한 대학 교육과 탐욕적인 사교육 시장, 정부의 대기업 위주 정책과 형식적이고 실효성 없는 스타트업 정책 등 얽히고설킨 수많은 문제에 메스를 들이대야 한다. 그건 멀다. 그냥 청년 개개인의 스펙 쌓기와 열정을 강조하고 가끔 값싼 위로를 보내는 것으로 정부건 기성세대건 자기 할 일을 했다고 생각한다.

　우린 늘 그래왔다. 근본 문제와 마주치기를 두려워했고, 결별해야 할 것들을 부여잡고 버텼다. 이렇게 해서 헬조선이 만들어졌다. 영포티와 언더 독이 열어갈 세상은 이제 달라야 한다.

미래를 위한
결별

1993년 삼성전자 이건희 회장은 '마누라 자식 빼고 다 바꾸라'는 유명한 말과 함께 신경영 선언을 했다. 그 후 삼성전자는 놀랍게 진화했고, 국내 1등에 그치지 않고 세계 최고의 IT 기업 중 하나로 우뚝

섰다. 1993년, 이건희 회장이 선언한 핵심이 바로 결별이다. 과거의 관성과의 결별 그리고 과감한 도전이다.

1998년 구본형의 '익숙한 것과의 결별'은 1990년대 초반 삼성 등을 필두로 과거의 성공에서 벗어나 미래를 위해 도전을 선택한 기업의 생존 전략을 개인에게 적용한 것이었다. 마침 외환위기의 한복판이었고 그래서 '대량 실업 시대의 자기 혁명'이라는 부제가 붙었다.

2016년 우리는 당당한 결별을 이야기한다. 당당한 결별이란 화두는 사실상, 마누라 자식 빼고 다 바꾸라는 1993년의 화두보다 더 강경하다. 비약하자면 마누라 자식조차도 바꿀 각오가 필요하다. 가족을 해체하라는 이야기가 아니라 그만큼 절박하게, 자신이 가진 모든 것과의 결별을 각오하라는 얘기다. 결코 물러설 데가 없다. 지금 이 자리에서 자신의 모든 걸 걸고 승부를 벌여야 한다. 익숙한 것과의 결별을 넘어서서, 우리가 가진 모든 것과의 결별이다.

'위기는 기회'라는 말은 참 그럴싸하다. 분명 위기의 시대일수록 새로운 기회 또한 많다. 경제의 위기, 산업의 위기는 대개 경제와 산업이 재편되는 과도기에 나오기 쉬운데, 이럴 때가 새로운 비즈니스가 싹트는 기회기도 하다. 하지만 위기를 기회로 만들 수 있는 사람은 극소수다. 대부분 사람들에게 위기는 그냥 위기일 뿐이다. 아무에게나 위기를 기회로 바꿀 자격이 주어지진 않는다.

같은 행동을 하면서 다른 결과를 바랄 수는 없다. 평소와 똑같이 생활하면서 위기 속의 기회가 나에게도 올까 기대하지 말자. 기회를 원한다면 먼저 과감하게 버려야 한다. 가진 것 지키려다 도전할 기회를 놓치는 것이야말로 무모하다. 세상은 당신을 기다려주지 않는다. 세상이 모든 개인에게 동등한 기회를 주지도, 같은 배려를 하지도 않는다. 더 많이 가지고, 더 힘이 센 사람에게 당연히 더 많은 기회가 있다. 부자와 기득권자는 세상의 변화를 더 적극적으로 감지하고 이를 받아들이려 한다. 왜냐하면 그들은 그렇게 계속 진화에 적응하며 생존해왔고, 부와 기득권을 이어왔기 때문이다.

오히려 가진 것 없고 지킬 것도 없는 서민들이 과거의 알량한 관성에 빠져 세상의 변화에 둔감한 경우가 많다. 자기 인생에서마저 결정권과 주도권을 가지지 못하는 삶이라면, 그건 노예나 다름없다.

뉴 노멀 시대, 세상의 모든 것들이 바뀌면서 새로운 기회가 쏟아진다. 이 기회를 놓친다면 당신에게 불리한 세상은 계속 지속될 뿐이다. 그대가 언더 독이라면 더욱 과감해야 한다. 잃을 것이 없는 존재는 싸움꾼 기질을 가져야 하고 미쳐야만 다다를 수 있기 때문이다. 그대가 사십대라면 바로 지금 변화의 급물살 한복판에 선 존재임을 자각해야 한다. 그리고 버티는 힘을 기르고 당당한 결별을 준비해야 한다.

미래를 위해, 익숙한 모든 것과의 결별을 시작하자. 미래를 예측하는 최고의 방법은 미래를 스스로 창조하는 것이라는 격언을 실천에 옮길 때이다.

당당한 결별을
준비하자

그대가 언더 독이라면 더욱 과감해야 한다.
잃을 것 없는 존재는 싸움꾼 기질을 가져야 한다.
그대가 사십대라면 변화의 급물살 한복판에 선 존재임을 자각해야 한다.
버티는 힘을 기르고 당당한 결별을 준비해야 한다.

세상은 당신을 기다려 주지 않는다

당신은 어떤 미래를 꿈꾸는가? 어떤 한국을 원하는가? 과연 당신
이 꿈꾸는 미래와 사회는 누가 만들어줄 것인가? 우리에게 결별의
순간, 새로운 선택의 순간은 늘 다가온다. 어떤 직업을 가질지, 지
금 직장을 관두고 나갈지, 스타트업에 도전할지, 어떤 팀원들과 힘
을 뭉칠 것인지, 어디에 투자하고, 어떤 인생을 살아갈 건지, 선거에
서는 누구를 지지하고 표를 줄 것인지 등등 우리에게 주어진 선택은
아주 많다. 이런 선택은 하나같이 다 중요하다.

글을 마치면서 나는 독자들께 한 가지 제안하고자 한다. 책에서
제시한 이 시대의 변화상과 새로운 패러다임에 대해 공감하는 바가
있다면, 앞으로 모든 선택을 할 때마다, 이것이 그동안 익숙해진 과

거의 관습과 관성에서 나온 것인지 혹은 미래를 위한 결단에서 나온 것인지, 한 번쯤은 회의하고 의심해보자는 것이다. 특히 기성세대들에게는 더더욱 이런 태도가 요구된다. 기성세대는 과거를 살아간 이들을 위한 정치, 경제, 일자리, 문화, 관념에 익숙하다. 특히 지금의 성장한 한국을 만들어낸 것에 자부심을 가지는 기성세대라면 그 익숙함은 더욱 클 것이다. 그러나 과거가 아무리 찬란하고 좋았더라도 우리는 오늘 현재를 살아가고 있으며 우리의 후배들과 자녀들은 미래에 그 역할을 넘겨받는다. 중요한 것은 오늘 지금 여기이지 과거가 아니다. 과거는 오늘을 비춰보기 위한 거울로서만 의미를 지닌다.

모든 당연한 것과의 결별이 필요한 시대이다. 산업의 경계, 인맥과 학벌, 순혈주의와 위계질서, 평생직장과 정년퇴직에 대한 미련, 위기감과 패배주의, 돈에 대한 집착, 가족에 대한 관성 등 모든 면에서 결별이 필요하지 않은 곳이 없다. 이유는 단 하나다. 생존하기 위해서, 그것도 행복하게 생존하기 위해서다. 한 번뿐인 인생이다. 우리는 좀 더 주도권을 가지고 자신의 인생을 살아야 한다. YOLO(You only live once)!

이 책은 직장인들의 사표를 부추기려는 목적에서 쓴 것이 아니다. 한국의 40대와 2030의 가장 바람직한 미래는 혁신적인 스타트업에서 열릴 것으로 보지만, 모든 사람이 창업에 나설 이유는 없다. 희망이 사라진 곳에서 괜한 미련으로 버티기보다는 과감한 도전이 훨씬 어울리는 사람들이 있다. 그런 이들은 지금 오늘의 익숙함에 사로잡히지 말고 곧 다가올 미래를 내다보며 과감한 승부에 도전하기 바란다. 결별하는 용기가 그 시작일 것이다.

한편으로 보다 더 많은 이들에게 꼭 들려주고 싶은 것은 버티는 일 역시 당당해야 한다는 메시지이다. 변화가 일상인 시대이고 보니 모든 이들이 불안하고 전전긍긍할 수밖에 없다. 창업이 아니라도 누구나 꿈과 인생 설계가 있고 각자가 실력을 발휘할 수 있는 자신만의 게임이 존재한다. 잘리지 않기 위해 버티는 게 아니라, 꿈을 위해 그리고 자신의 행복을 위해 버티는 힘을 기르라는 것이다. 눈치 보지 말고 남의 평가나 주문에 귀 기울이지 말고 자신의 인생을 당당하게 살아가기 위한 변화를 준비하자.

지금 한국 사회에서는 너무도 많은 사람이 이 당당함과 자존감을 결여한 채 살아간다. 이 사회의 리더들이란 사람들은 진정 반성해야 한다. 국민소득 3만 달러, 4만 달러를 돌파하지 못해서가 아니다. 남북통일을 하지 못해서, 선진국을 만들지 못해서도 아니다. 국민 개개인의 가슴에 작은 꿈과 당당한 자존심조차 남겨주지 못한 무능과 용렬함을 질책하는 것이다. 아니, 이것도 관성이다. 이제 버리자. 언제 우리가 그들에게 기대를 걸었던가.

이 시대가 언더 독에게는 과감히 도전해야 할 기회라면, 40대들에게는 지금이야말로 그들이 꿈꿔오던 상식적이고 바람직한 사회와 경제구조를 위해 그간 쌓아온 모든 경험과 노하우를 쏟아보아야 할 시간이다. 세상은 당신을 기다려 주지 않는다. 당신이 세상을 만들어야 한다. 자, 이제 또다시 시작이다.

참고문헌

― 강준만, 『강남 좌파』, 인물과사상사, 2011.
― 경제개혁연구소, 「재벌기업 부실징후 보고서」, 2015.
― 경향신문, "서울시 7·9급 공무원 필기시험 실질 경쟁률 53.1대 1", 2016
년 6월 26일.
― 경향신문, "학벌조차 실패하는 현실… 시민단체 '학벌없는사회' 자진해
산", 2016년 4월 29일.
― 구본형, 『익숙한 것과의 결별』, 생각의나무, 1998.
― 권규호, 오지윤, KDI, 「연령별 소비성향의 변화와 거시경제적 시사점」,
2014.
― 기획재정부 www.mosf.go.kr
― 김용섭, 『라이프 트렌드 2013 : 좀 놀아 본 오빠들의 귀환』, 부키, 2012.
― 김용섭, 『라이프 트렌드 2014 : 그녀의 작은 사치』, 부키, 2013.
― 김용섭, 『라이프 트렌드 2015 : 가면을 쓴 사람들』, 부키, 2014.
― 김용섭, 『라이프 트렌드 2016 : 그들의 은밀한 취향』, 부키, 2015.
― 김용섭, 『아이의 미래를 망치는 엄마의 상식』, 21세기북스, 2012.
― 김용섭, 휴넷CEO, "CEO는 버려야 산다", 2015년 7월 23일.
― 김용섭, 휴넷CEO, "삼성전자, '전자'를 떼어버린 이유는?", 2015년 12월
30일.

— 김용섭, 휴넷CEO, "취향에 투자한다, 테이스테셔널", 2016년 2월 16일.

— 더 기어, "스타벅스가 기술 기업인 10가지 이유", 2016년 4월 27일.

— 데일리한국, "최고 리더들, 당신의 상식은 안녕하십니까?", 2015년 3월 30일.

— 동아일보, "400대 부자 중 자수성가형… 美 71퍼센트, 中 97퍼센트, 韓 0 퍼센트", 2016년 1월 4일.

— 동아일보, "이재용의 인사혁신 실험… 스타트업 삼성 컬처 혁신 선포식", 2016년 3월 24일.

— 동아일보, "직장인 '체감 퇴직' 나이, 50.9세", 2016년 6월 1일.

— 디스이즈게임, "오큘러스 VR 창립자 팔머 럭키 '지금이 VR로 뛰어들 때 다'", 2016년 3월 18일.

— 마이데일리, "이대호, MLB.com 선정 전반기 SEA 신인왕", 2016년 7월 14일.

— 매일경제, "LG전자, 사상 첫 명예퇴직 제도 공식 도입", 2016년 7월 5일.

— 매일경제, "삼성 등 11개 그룹 전 계열사 임금피크제 시행", 2016년 2월 21일.

— 머니투데이, "지난 10년간 성공한 스타트업의 공통점 4가지", 2015년 8월 13일.

— 머니투데이, "車 무소유의 시대… 차량공유업체 성장 '가속페달'", 2016년 7월 9일.

— 머니투데이, "토요타, 8월부터 재택근무 확대… 2만 5000명 대상", 2016년 6월 9일.

— 문화일보, "글로벌 신생 스타기업 한국 0 중국 26", 2016년 3월 30일.

— 브레이크뉴스, "이마트 vs 쿠팡 '최저가 전쟁' 소비자들 신났다!", 2016년 4월 1일.

— 브릿지경제, "[비바100] 월급 1300만 원→130만 원으로 줄었지만… '평생 밥벌이' 생겨 든든", 2016년 6월 27일.

— 블로터, "애플, 테슬라, 보쉬, 임박한 한국 자동차 산업의 몰락", 2015년

11월 5일.

— 삼성생명 은퇴연구소, 「은퇴백서 : 한국인의 은퇴준비 2014」.

— 삼성생명 은퇴연구소, 「은퇴준비지수 2016」.

— 서울경제, "'연공서열 타파' 삼성 컬처 혁신 스타트", 2016년 6월 27일.

— 시사IN Live, "미국판 '강남좌파' 대선 지도를 바꾼다", 2012년 6월 6일.

— 아시아경제, "반퇴시대② '말단도 괜찮아' 4050의 9급 공시 러시", 2016
년 6월 24일.

— 아주경제, "구글, 애플 잇는 미국의 차세대 IT 유망주 엔비디아", 2016년
5월 24일.

— 아주경제, "샤오미·화웨이·레노버… '잘나가는' 中기업 들여다보니",
2015년 11월 11일.

— 연합뉴스, "'잘나가는' 서울협동조합택시… 동일 모델 전국 확산", 2016
년 1월 26일.

— 연합뉴스, "구글·애플 스마트폰 OS 점유율 99%… 타이젠은 0.1%",
2016년 6월 13일

— 연합뉴스, "억대연봉 美 프로그래머 '컴퓨터에 6년간 일 맡기고 놀았다'",
2016년 6월 17일.

— 연합뉴스, "韓 상속 아닌 자수성가 부자 드물다… 기업 생태계 역동성 없
어", 2016년 1월 4일.

— 오마이뉴스, "'터질 게 터졌다' 부실 재벌, 97년 외환위기 수준", 2016년
4월 29일.

— 우석훈, 『불황 10년』, 새로운현재, 2014.

— 우석훈·박권일, 『88만 원 세대』, 레디앙, 2007.

— 이데일리, "[나는 공무원이다] 10명 중 3명만 정년퇴직… 9급→1급 '32.9
년'", 2016년 4월 8일.

— 이왕원, 「한국인의 상향이동에 대한 의식: 연령(Age)·기간(Period)·코호
트(Cohort) 효과를 중심으로」, 2016.

— 이한득, LG경제연구원, "한국 기업의 활력이 약해지고 있다", 2016년 6

월 22일.

— 인사혁신처 www.mpm.go.kr

— 전국경제인연합회, 「국내 주요 그룹 임금피크제 도입 현황」, 2016.

— 전영수, 『이케아 세대 그들의 역습이 시작됐다』, 중앙북스, 2013.

— 정성호, 『중년의 사회학』, 살림출판사, 2006.

— 조선일보, "지금은 보육교사들이… 몇 년 후엔 大學교수들이 거리 나앉을 판", 2016년 7월 8일.

— 주간동아, "[김용섭의 작은 사치] 각자의 파랑새를 찾자", 2015년 4월 6일.

— 주간동아, "가족 살해 이유가 '강남계급' 이탈 공포?", 2015년 1월 26일.

— 중앙선거관리위원회, 「제18대 대통령선거 투표율 분석」, 2013.

— 중앙선데이, "'갈라파고스 위기'에 갇힌 한국 대학", 2016년 7월 10일.

— 중앙일보, "삼성·LG 빨리 변하지 않으면 실리콘밸리 하청업체 된다", 2016년 5월 27일.

— 중앙일보, "일본에 부는 단샤리 열풍, 물건을 줄이니 삶이 달라지더라", 2016년 1월 2일.

— 클레이튼 크리스텐슨, 『혁신 기업의 딜레마』, 모색, 1999.

— 통계청, 가계동향조사 www.kostat.go.kr

— 통계청, 장래인구추계 www.kostat.go.kr

— 퇴사학교 www.t-school.kr

— 포천 선정 글로벌 500대 기업 www.fortune.com/global500

— 한겨레, "자식 계층 상승? 한국인들, 더 이상 기대 않는다", 2016년 7월 7일.

— 한경비즈니스, "삼성페이 '오프라인 평정'… 온라인은 네이버·카카오 '각축'", 2016년 3월 2일자(제1057호).

— 한국경제, "닉 우드먼 '거대한 파도 넘는 내 모습 찍고 싶다' 사업 실패 서핑狂 '액션 카메라'로 인생 역전", 2014년 8월 1일.

— 한국경제, "미국 성공한 IT벤처 창업자는… 평균 30대 후반, 석사 이상,

16년간 월급쟁이 경험", 2015년 7월 8일.

— 한국경제, "삼성의 반성… SW인력 절반이 기초수준 실력", 2016년 6월 22일.

— 한국경제, "언제든 부도날 기업 170곳… '고위험군' 비중 미국의 2배", 2015년 9월 7일.

— 한국경제, "프랭크 왕 CEO, 모형 비행기에 푹 빠졌던 소년… 드론계의 스티브 잡스 되다", 2016년 3월 25일.

— 한국경제연구원 www.keri.org

— 한국교육신문, "교원 정년퇴직은 옛말…10명 중 3명도 안 돼", 2016년 3월 21일.

— 한국민속촌 www.koreanfolk.co.kr

— 한국은행, 「가계금융 복지조사」, 2015년 12월.

— 한국은행, 「금융안정보고서」, 2015년 12월.

— 한국은행, 「금융안정보고서」, 2016년 6월.

— 함인희, 『베이비붐세대의 문화와 세대 경험』, 고려대학교, 2003.

— 행정안전부, 2014 지방선거 유권자 수 현황, 2014.

— 헤럴드경제, "패기의 마흔, F세대① 잊혀질 뻔한 그들", 2011년 12월 19일.

— 헤럴드경제, "패기의 마흔, F세대⑥ 나이 마흔 넘어 반란을 꿈꾸는 그들", 2011년 12월 19일.

— Bloomberg Businessweek, "How GE Exorcised the Ghost of Jack Welch to Become a 124-Year-Old Startup", 2016년 3월 17일.

— CEO스코어 www.ceoscore.co.kr

— KB금융지주경영연구소, 「2016 한국부자보고서」.

— KOTRA, 『2015 한국을 뒤흔들 12가지 트렌드』, 알키, 2014.

— LG경제연구원 www.lgeri.com

— MBC, "중년까지 '공시생' 합류, '9급 밖에는 길이 없었다'", 2016년 7월 10일 보도.

— MBC, 20년 뉴스-연도별 10대 뉴스(1987~2008),

— OECD www.oecd.org

— OSEN, "유튜브 스타, 얼마나 벌까⋯ 세계 1위는 퓨디파이 135억 원", 2015년 10월 16일.

— SBC(삼성사내방송), 〈SBC 특별기획 삼성 소프트웨어 경쟁력 백서 1부: 불편한 진실〉, 2016.

— SBS, "대기업의 문어발식 확장⋯ 오너 있는 곳이 더 했다", 2016년 7월 8일 보도.

당당한 결별

2016년 10월 21일 초판 1쇄 발행

지은이 김용섭

발행인 류지호
편집 정희용, 김경림
디자인 프리스타일, 윤지애
제작 김명환·**홍보마케팅** 김대현, 박종욱·**관리** 윤애경

펴낸 곳 원더박스 03150 서울시 종로구 우정국로 45-13, 3층
대표전화 02) 420-3200 편집부 02) 420-3300·팩시밀리 02) 420-3400
출판등록 2012. 6. 27(제300-2012-129호)

ISBN 978-89-98602-32-1 03300

블로그 blog.naver.com/wonderbox13·**이메일** wonderbox13@naver.com